JN085596

会社別就活ハンドブックシリーズ

2025

日本製鉄の
就活ハンドブック

就職活動研究会 編
JOB HUNTING BOOK

は じ め に

　2021年春の採用から，1953年以来続いてきた，経団連（日本経済団体連合会）の加盟企業を中心にした「就活に関するさまざまな規定事項」の規定が，事実上廃止されました。それまで卒業・修了年度に入る直前の3月以降になり，面接などの選考は6月であったものが，学生と企業の双方が活動を本格化させる時期が大幅にはやまることになりました。この動きは2022年春そして2023年春へと続いております。

　また新型コロナウイルス感染者の増加を受け，新卒採用の活動に対してオンラインによる説明会や選考を導入した企業が急速に増加しました。採用環境が大きく変化したことにより，どのような場面でも対応できる柔軟性，また非接触による仕事の増加により，傾聴力というものが新たに求められるようになりました。

　『会社別就職ハンドブックシリーズ』は，いわゆる「就活生向け人気企業ランキング」を中心に，当社が独自にセレクトした上場している一流・優良企業の就活対策本です。面接で聞かれた質問にはじまり，業界の最新情報，さらには上場企業の株主向け公開情報である有価証券報告書の分析など，企業の多角的な判断・研究材料をふんだんに盛り込みました。加えて，地方の優良といわれている企業もラインナップしています。

　思い込みや憧れだけをもってやみくもに受けるのではなく，必要な情報を収集し，冷静に対象企業を分析し，エントリーシート作成やそれに続く面接試験に臨んでいただければと思います。本書が，その一助となれば幸いです。

　この本を手に取られた方が，志望企業の内定を得て，輝かしい社会人生活のスタートを切っていただけるよう，心より祈念いたします。

就職活動研究会

Contents

第**1**章

日本製鉄の会社概況

会社によって選考方法は千差万別。面接で問われる内容や採用スケジュールもバラバラだ。採用試験ひとつとってみても，その会社の社風が表れていると言っていいだろう。ここでは募集要項や面接内容について過去の事例を収録している。

また，志望する会社を数字の面からも多角的に研究することを心がけたい。

✔ 企業理念

基本理念

日本製鉄グループは、常に世界最高の技術とものづくりの力を追求し、
優れた製品・サービスの提供を通じて、社会の発展に貢献します。

■経営理念

信用・信頼を大切にするグループであり続けます。
社会に役立つ製品・サービスを提供し、お客様とともに発展します。
常に世界最高の技術とものづくりの力を追求します。
変化を先取りし、自らの変革に努め、さらなる進歩を目指して挑戦します。
人を育て活かし、活力溢れるグループを築きます。

日本製鉄グループ社員行動指針

■目指す

創造・先進・成長　　自らを磨き、高い目標と情熱を持ち、チャレンジを続けます。

■大切にする

自律・現場・本質　　ルールと約束を守り、現場現物をもとに、本質を追究します。

■働きかける

対話・協働・伝承　　対話と協働による相互信頼を築き、心と技を次代につなぎます。

私たちはこれらの指針に則り、世界を舞台に、常に正々堂々と行動します。

企業行動規範

**日本製鉄グループは、日本経団連の「企業行動憲章」および同「実行の手引き」をベース
として「企業行動規範」を定め、この実践をとおして社会的責任を果たしていきたいと考
えています。**

1. 法令・規則を遵守し、高い倫理観をもって行動します。

2. 社会的に有用で良質かつ安全な製品・サービスを開発・提供し、お客様の満足と信頼を獲
   得します。

3. 公正かつ自由な競争ならびに適正な取引を行い、政治・行政との健全かつ正常な関係を保
   ちます。

4. 広く社会とのコミュニケーションを行い、企業情報を積極的かつ公正に開示するとともに、
   各種情報の保護・管理を徹底します。

5. 安全・健康で働きやすい職場環境を実現するとともに、従業員の人格と多様性を尊重します。

6. 社会の一員として、積極的に地球環境保全や地域・社会に貢献します。

7. 反社会的勢力や団体とは一切の関係を持たず、不当な要求に対しては、断固たる態度で臨
   みます。

8. 各国・地域の法律を遵守し、各種の国際規範、文化、慣習等を尊重して事業を行います。

9. 本規範を遵守し、その確実な実行に向けた体制を確立するとともに、本規範に違背する事
   態が発生したときは、迅速に原因究明と再発防止に努め、的確に説明責任を果たします。

✔ 会社データ

本社	東京都 千代田区 丸の内 2-6-1
代表者	代表取締役社長　橋本 英二
事業内容	製鉄、エンジニアリング、ケミカル・マテリアル、システムソリューションの各事業
資本金	4,195億円
従業員数（連結）	106,068名（2023年3月31日現在）
決算期	3月31日
上場証券取引所	東京，名古屋，福岡，札幌

✔ 仕事内容

一人一人の裁量が大きく、
様々な業務に主体性を持ち携わります。
世界のものづくりをリードする日本製鉄には、
文系の方も、理系の方も広く活躍できる舞台が広がっています。
様々な分野のプロフェッショナルが
集まり、一つの目標に向け、チームとして業務に取り組みます。

事務系職種

営業
マーケットの調査、販売戦略の立案、お客様への提案など一貫して担当。
国内：国内のお客様中心
海外：海外メーカー、海外拠点向け

営業総括
製造、販売、収益に至るまで、社内の戦略策定に携わり、実行を支援。

原料購買
全世界から原料・機材の調達を実施。鉄鉱石の輸入比率：100％

工程管理
納期、各製品の製造プロセスを考慮し、生産スケジュールを立案・管理。

コーポレート
財務／経理・法務など、グローバルに働きやすい環境や仕組みを構築。

技術系職種

操業技術
製造ラインに関わる企画〜実行を担当。専門・製品の知識を駆使し、"人と設備"の両面から、品質・生産・コストの改善を検討。

品質管理
商品コンセプト立案〜製造ライン管理を一貫して担当。新商品の開発主導的役割も担い、技術営業としてお客様との技術討議も行う。

設備技術

製造過程に関わる設備（機械、電気、建築・土木・水道）の導入、施工、維持管理を担当。

エネルギー技術

鉄を生産する上で欠かせない電気・ガス・水などの管理を実施。設備の導入・保全を担当。電気においては、販売も実施。

IT システム

本社機能と製鉄所のシステム開発全般を企画。業務知識、最先端テクノロジー（AI、IoT、RPA）を活用し、最適な解決策を提案。

研究開発

基礎研究、商品開発、構造設計・加工・接合、製造プロセスなど、多岐に渡る研究を実施。学会発表、特許取得への挑戦も可能。

✔ 先輩社員の声

時代を捉え、時代を造る。

【営業（国内）／ 1997 年入社】
三位一体のソリューションを。
私たちは中部圏における自動車用鋼板の営業を担当しています。お客様から「将来の車はこんなニーズがありそう」と伺えば、最適な高機能素材を提案できるように奔走。素材の提供だけでなく最適な加工方法（工法）や部品の形状（設計）なども含めた、三位一体のトータルソリューションを提供しています。室長としての私の役目はメンバーの成長を促し、組織のパフォーマンスを最大化すること。日頃から「目標の明示」「優先順位の明確化」「意識統一」「的確な人材配置」を心掛けているのですが、こうした施策を通じて一人ひとりが飛躍していく姿を見られること、全員が一丸となって困難なプロジェクトに立ち向かっていく姿を見られることは私の大きな励みになっています。

数年後の、未来のために。
入社以来、私は自動車鋼板営業を中心にキャリアを重ねてきました。車の省燃費を実現するために鋼板の軽量化に励んだこともありましたし、人命保護の観点から鋼板の衝突安全性の向上に取り組んだこともありました。「いい車をつくりたい」。そんな共通の想いを持って顧客と議論し、当社の開発部門や製造部門と一体になってアイデアをかたちにしていく。そして、素材の提案を通じて、数年後に街を走る自動車の在り方を変えていく。こうしたダイナミックなプロジェクトに参加できることは自動車鋼板営業の醍醐味だと思いますし、今後も「次世代の車づくりに貢献している」という誇りをもって仕事に臨んでいけたらと考えています。

鉄の可能性に、挑み続ける。
日本製鉄は顧客の要望に応えるかたちで、自動車用鋼板の性能を進化させ続けてきました。昔と比べれば「軽量化」と「高強度化」の技術は飛躍的な進歩を遂げていますし、これからも時代の変化とともに鉄という素材の可能性は広がり続けていくでしょう。日本製鉄の強みは、顧客の本質的なニーズに応える力。今後どのように自動車業界が変化したとしても、これまでのように営業と開発と製造の力を合わせれば、どんな荒波もチャンスに変えることができるはずです。顧客との密な連携を通じて時代を的確に捉え、次世代のスタンダードとなる新たな自動車用鋼板を造っていく。それが今の私の目標です。

100名の部下を率いて
生産工程を進化させる。

【操業技術／2010年入社】
仕事のミッション

入社後は君津地区の製鉄所に配属となり、冷延鋼板の生産性向上のための技術開発や新たな生産設備の導入計画を手がけた後、現在は冷延工場の操業ラインのマネジメントを行っています。現場で操業に携わる約100名の部下を統括し、より品質の高い鋼板を低コストで安定的に生産供給するための改善活動に日々取り組んでいます。課を率いるマネージャーとしては、部下のスタッフたちに改善活動の方向性を示してチームの力を引き出すとともに、メンバー個々人とコミュニケーションを図って誰もが働きやすい職場環境を構築していくことを意識しています。また、他部署との連携によって改善活動のレベルを高めていくことも重要な役割のひとつだと考えています。

醍醐味を感じた瞬間

課長のポジションに就く前は、難度の高い仕事にいくつか挑戦してキャリアを高めてきました。入社5年目には、製造が難しい高機能鋼材の生産性改善を託され、研究部門と連携してアイデアを出すところから始め、検証を重ねてそれを設備に反映させるところまで一貫して担当。トライしたのは最先端のテーマであり、これを自ら主導して成し遂げたのは大きな自信につながりました。その後、新設備の導入計画を担当した際は、最新鋭の鋼板ラインの実現可能性調査から関わり、私が作った資料を基に経営陣からGOサインが出て大規模なプロジェクトがスタート。自分の仕事が製鉄所の競争力向上に直結するという、そんなダイナミックな経験も味わいました。

今後の挑戦

入社してこれまで10年ほどの間に3つの異なる業務を経験し、そこでたくさんのことを学んで自分が大いに成長している実感があります。技術的なことはもちろん、いまのポジションでは人材のマネジメントにも奮闘し、組織を動かす力も養われています。今後は、いままで習得したことを、社内の違うフィールドで役立ててみたいと考えています。当社がこれからさらに発展していくためには、グローバルで絶対的に勝ち抜ける企業になる必要がある。私自身もゆくゆくは海外の製鉄所に赴き、これまでの経験を活かして現地の技術指導などに携わり、自分の見識をもっと広げて、当社をさらに進化させることのできる人材になりたいと思っています。

✔ 募集要項

応募資格	2024年高専・大学・大学院卒業予定の方 または、卒業後3年以内の未就業者の方
募集学科	文系／不問 理系／機械、材料、電気、電子、情報、化学、物理、経営工学、 　　　土木、建築、水道、衛生、数理、環境、生物
募集職種	事務系／企画、営業(国内・海外)、総務、人事、財務・経理、 　　　　原料購買、工程管理 など 技術系／操業技術、設備技術、品質管理、研究開発、開発設計、 　　　　技術営業 など
勤務地	本社／東京 製鉄所／北海道、岩手、新潟、千葉、茨城、愛知、和歌山、 　　　　大阪、兵庫、愛媛、山口、福岡、大分 技術開発本部（研究部門）／千葉、茨城、兵庫 支社・支店／大阪、北海道、宮城、新潟、愛知、広島、福岡 海外事業所／ヒューストン、メキシコ、サンパウロ、ベロオリ 　　　　　　ゾンテ、デュッセルドルフ、ドバイ、シドニー、北京、上 　　　　　　海、広州、シンガポール、ジャカルタ、バンコク、ニュー 　　　　　　デリー、ホーチミン、ハノイ、ムンバイ
勤務時間	全社においてフレックスタイム制度あり。勤務時間は勤務地に より異なる。 本社・研究所／9:00～17:20 製鉄所／8:30～17:00
給与	高専卒／195,000円 学部卒／218,000円 修士了／243,000円
諸手当	過勤務手当，深夜手当，通勤交通費　など
昇給・賞与	昇給 年1回（4月） 賞与 年2回（6月，12月）
福利厚生	社会保険／雇用保険、健康保険、厚生年金、介護保険、労災 　　　　保険 社宅・寮／各事業所に完備 その他制度／グループ保険、各種財形貯蓄、住宅融資制度、 　　　　　　持株制度、ワークライフサポート制度（育児施設利用補助、 　　　　　　レジャー補助）など

✔ 採用の流れ （出典：東洋経済新報社『就職四季報』）

エントリーの時期	【総・技】3月〜
採用プロセス	【総】ES提出・適正検査（3〜5月）→面接（複数回）→内々定（6月〜） 【技】ES提出・適正検査（3〜4月）→面接（複数回）→内々定（6月〜）＜学校推薦＞当社イベント（工場見学など）→推薦書提出（随時）→面接（複数回，6月〜）→内々定（6月〜）

採用実績数

	大卒男	大卒女	修士男	修士女
2022年	35 (文：29 理：6)	15 (文：14 理：1)	78 (文：2 理：76)	20 (文：0 理：20)
2023年	38 (文：29 理：9)	19 (文：13 理：6)	75 (文：0 理：75)	16 (文：1 理：15)
2024年	34 (文：33 理：1)	25 (文：22 理：3)	77 (文：0 理：77)	13 (文：0 理：13)

採用実績校

【文系】北海道大学，東北大学，東京大学，一橋大学，早稲田大学，慶應義塾大学，上智大学，東京外国語大学，学習院大学，法政大学，日本大学，横浜国立大学　他

【理系】北海道大学，東北大学，東京大学，東京工業大学，東京農工大学，お茶の水女子大学，早稲田大学，慶應義塾大学，東京理科大学，横浜国立大学，青山学院大学，筑波大学，群馬大学，新潟大学，名古屋大学，名古屋工業大学，三重大学，京都大学，大阪大学，大阪公立大学，関西大学，立命館大学，神戸大学，岡山大学，山口大学，香川大学，徳島大学，九州大学，九州工業大学，熊本大学，大分大学，長崎大学，佐賀大学

✔ 2023 年の重要ニュース (出典：日本経済新聞)

■ 日本製鉄 2 年連続最高益　23 年 3 月期、9% 増の 6940 億円（5/10）

　日本製鉄が 10 日発表した 2023 年 3 月期の連結決算（国際会計基準）は、純利益が前の期比 9% 増の 6940 億円だった。鋼材価格の積極的な引き上げでマージン（利ざや）が拡大し、12 年の経営統合後の最高益を 2 年連続で更新した。ただ 24 年 3 月期は多額の鉄鋼原料の在庫評価損が発生し、純利益は前期比 47% 減の 3700 億円を見込む。

　23 年 3 月期の売上高にあたる売上収益は前の期比 17% 増の 7 兆 9755 億円、本業のもうけを示す事業利益は 2% 減の 9164 億円だった。半導体不足の影響で自動車向けの鋼材販売が低調だったが、値上げの浸透などで補った。24 年 3 月期の売上収益の見通しは前期比 13% 増の 9 兆円とした。

■ 日本製鉄、棒鋼・線材の子会社 3 社を経営統合（6/5）

　日本製鉄は 5 日、棒鋼や線材の製造販売を手掛ける子会社 3 社を 10 月 1 日付で経営統合すると発表した。統合するのは松菱金属工業（埼玉県飯能市）、日鉄精鋼（堺市）、日鉄鋼線（岐阜県関市）で、松菱金属工業が他 2 社を吸収合併する。地域ごとに分散していた経営を一本化して営業力や製品開発を強化する。

　統合後の社名は「日鉄プロセッシング」とする。年間売上高は 2022 年度実績の単純合算で約 660 億円。松菱金属工業には鉄鋼商社のメタルワン、日鉄鋼線には伊藤忠丸紅鉄鋼などが出資しているが、統合後の出資構成は今後詰める。

■ 日本製鉄、US スチールを買収　2 兆円の日米大型再編（12/18）

　日本製鉄は 18 日、米鉄鋼大手 US スチールを買収すると発表した。買収額は約 2 兆円。日鉄として過去最大級の M&A（合併・買収）で、鉄鋼業界として日米企業同士の大型再編となる。脱炭素で電気自動車（EV）に使う高機能鋼材の需要が増えるなか、経済安全保障も背景に日米で重要物資の供給体制を整える。

　日鉄は US スチール株を 1 株 55 ドル（7810 円）で全株取得し、完全子会社にする。15 日終値は 39 ドルで、約 4 割のプレミアム（上乗せ幅）を付ける。買収総額は 141 億ドル。買収資金は金融機関からの借入金で対応する。買収後も US スチールの社名は維持する。

　今後、規制当局の審査をうける。US スチールの労働組合との交渉や、株主総

会での承認も必要となる。

　世界鉄鋼協会によると、日鉄の 2022 年の粗鋼生産量は 4437 万トンと世界 4 位。US スチールは米国内ではニューコアやクリーブランド・クリフスに次ぐ規模だが、世界では 27 位にとどまる。日鉄の US スチール買収で、合算すると世界 3 位の規模になる。

　日鉄は海外事業を中長期的な成長の核と位置づけている。世界全体の粗鋼生産能力を 1 億トンに高める計画を持つ。特に米国は中国やインド、日本に続く世界 4 位の粗鋼生産国だ。堅調な建築向け需要に加え、今後 EV 向け鋼材の需要も増える見通し。

　米国ではすでに欧州アルセロール・ミタルと共に電炉を稼働させる計画を公表している。US スチールの買収により、インドや東南アジアに並ぶ成長地域として米国事業を一層強化するとみられる。

　US スチールは 1901 年創業で、近代産業の発展を支えてきた米国を代表する老舗企業だ。「鉄鋼王」アンドリュー・カーネギー氏や「米銀 JP モルガンの祖」ジョン・ピアポント・モルガン氏などが複数の鉄鋼会社を合併させ誕生した。60 年代までは世界最大の鉄鋼会社だったが、その後は日本や欧州からの鉄鋼輸入製品の貿易競争に苦しみ競争力は低下した。

　US スチールは 8 月に身売りを含めた経営戦略の検討に乗り出すと表明した。全米鉄鋼労働組合（USW）の支持を受けたクリフスのほか、ミタルやカナダ鉄鋼大手ステルコなど複数の鉄鋼会社が買収に意欲を示しているとの観測が流れていた。クリフスは総額約 72 億ドル（約 1 兆 500 億円）で提案するも US スチールに拒否されていた。

✔2022年の重要ニュース (出典：日本経済新聞)

■日本製鉄、鉄鉱石の代替調達を検討　ロシア侵攻で（2/25）

　日本製鉄は25日、ロシアのウクライナ侵攻に伴う情勢の緊迫化を受け、両国から輸入する原料の鉄鉱石の代替調達を検討していると明らかにした。輸入ができなくなった場合は、オーストラリアやブラジルなど他の主産地からの調達を増やす方向で検討しているという。

　製鉄工程では、鉄鉱石を焼き固めたペレットを基幹設備の高炉に投入して鉄をつくる。日鉄は国内で使うペレットの14%程度をロシアとウクライナから輸入している。

■日本製鉄、CO_2ゼロの鋼材供給へ　EV部品など向け（5/10）

　日本製鉄は10日、2023年度から二酸化炭素（CO_2）排出量が実質ゼロの鋼材の供給を始めると明らかにした。電気自動車（EV）のモーターに使う電磁鋼板などの鋼材を、年70万トン規模で自動車メーカーなどに出荷する。日鉄は50年のカーボンニュートラルを目指しており、環境に配慮した鋼材の出荷規模を段階的に引き上げる方針だ。

　同日開催した決算会見の場で、日鉄の橋本英二社長が言及した。瀬戸内製鉄所広畑地区（兵庫県姫路市）に新設した電炉の商業運転を22年度中に始め、23年度から本格的に鋼材供給を開始する。日鉄は21年度に単独で3556万トンの鋼材を出荷しており、単純計算で2%程度の鋼材がCO_2排出量実質ゼロの製品に切り替わることになる。

　電炉は鉄スクラップを電力で溶かして鋼材を造る方式だ。日鉄は広畑地区の電炉で使う電力をCO_2を出さないものにすることで製造過程の排出量を実質ゼロにする。日鉄によると、電磁鋼板などの高級鋼をCO_2実質ゼロで大規模に生産するのは世界で初めてだという。

　日本製鉄は10日、約2700億円を投じて名古屋製鉄所（愛知県東海市）に鋼材を加工する熱延ラインを新設することも発表した。生産能力は年600万トン規模で、稼働は26年4〜6月を見込む。現行の年460万トン規模の熱延ラインは26年度中に休止する。熱延ラインを新設する方針自体はこれまで公表していたが、今回具体的な投資額などを明らかにした。

　新設するラインでは薄くて強度のある「超ハイテン（高張力鋼板）材」などの高級品を自動車メーカー向けなどに生産する。同鋼材は車体の軽量化につながる

ため、世界的に需要が高まっている。生産能力を高めると共に最新鋭の設備を投じることで、需要の伸びに対応していく。

■日本製鉄の純利益5%増、値上げで一転最高益　23年3月期（11/1）

　日本製鉄は1日、2023年3月期の連結純利益（国際会計基準）が前期比5%増の6700億円になる見通しだと発表した。6%減としていた従来予想を700億円上回り、統合後の最高益を2期連続で更新する。値上げや構造改革が収益を押し上げる。一方で最大の消費国である中国を中心に鋼材需要は低下傾向にあり、経営陣は先行きへの警戒を強めている。

　同日、瀬戸内製鉄所広畑地区（兵庫県姫路市）に新設した電炉が10月に商業運転を始めたことも発表した。生産能力は年間約70万トンで電磁鋼板など高級鋼材を生産する。二酸化炭素（CO_2）排出量が比較的少なく済む電炉の特性を生かし、CO_2排出量が実質ゼロの鋼材を販売する予定だ。

　市場予想平均（QUICKコンセンサス）の5154億円を大幅に上回る。事業利益は7%減の8700億円と700億円上方修正した。高炉集約などで損益分岐点を下げ、少ない鋼材出荷量でも利益を出せる体質になった。

　主因は値上げだ。22年度通期の鋼材平均価格は1トンあたり15万2000円程度と21年度比29%上がる。日鉄はトヨタ自動車など大口顧客向けのひも付き価格について、原料コストの上昇分などで強気の値上げを進めている。主原料価格の一部の下落もあり鋼材のマージン（利ざや）は一段と改善。これが400億円程度の利益を押し上げる。

　為替レートは今期下期で1ドル＝150円程度と従来想定（140円程度）から円安方向に見直した。円安は海外事業で増益要因だが、国内製鉄事業では主原料の輸入価格上昇につながり先行きを慎重にみた。同日の記者会見で森高弘副社長は「円安は全体ではニュートラルから若干のプラス。今回、大きく寄与したわけではない」と話した。

✔2021年の重要ニュース (出典：日本経済新聞)

■日本製鉄、君津で超ハイテン材の新設備稼働（1/18）

　日本製鉄は 18 日、東日本製鉄所君津地区（千葉県君津市）で、薄くて強度の高い「高張力鋼板」（ハイテン）の製造設備を新たに稼働したと発表した。脱炭素の潮流のなか、燃費性能向上のため自動車の軽量化で需要が高まっている。ハイテン材の生産体制を強化し攻勢をかける。

　亜鉛めっきを施した鋼板を生産する設備を 16 日から稼働させた。月間の生産能力は 3 万 3 千トンで投資額は数百億円規模という。主に引っ張り強度が 590 メガパスカル（メガは 100 万）を超える鋼板はハイテンに位置づけられる。稼働した新設備では、強度が 1500 メガパスカル級の「超ハイテン」の製造も可能だ。

　主要顧客の自動車メーカーでは、車体の軽量化や高強度化の需要が高い。脱炭素化で普及が期待される電気自動車（EV）でも同様だ。ハイテン材は強度を維持したまま、鋼板を薄くすることができ、生産拡大により需要の取り込みを加速させる。

■日本製鉄、今期 300 億円の事業黒字に転換　鋼材需要回復（2/5）

　日本製鉄は 5 日、2021 年 3 月期の連結事業損益（国際会計基準）が 300 億円の黒字（前期は 2844 億円の赤字）になる見込みだと発表した。従来予想（600 億円の赤字）を 900 億円引き上げ、黒字に転換する。新型コロナウイルスの影響から年度上期に落ち込んでいた鋼材需要が、製造業向けを中心に下期に急回復する。期末配当は 10 円（前年同期は無配）にする。復配は 3 半期ぶり。

　売上高にあたる売上収益は前期比 18% 減の 4 兆 8500 億円、最終損益は 1200 億円の赤字（前期は 4315 億円の赤字）を予想する。それぞれ従来予想から 500 億円ずつ引き上げた。

　同日発表した 2020 年 4 〜 12 月期の連結決算は、売上収益が前年同期比 23% 減の 3 兆 4498 億円、最終損益が 1238 億円の赤字（前年同期は 3573 億円の赤字）だった。

■日鉄、鹿嶋の高炉休止　知事「ショック」　対策会議開催（3/5）

　日本製鉄が茨城県鹿嶋市の高炉 2 基のうち 1 基を 2024 年度末までに休止す

ると５日に正式発表したのを受け、大井川和彦知事は「受け入れがたい厳しい内容。かなりショック」と述べた。鹿嶋市や神栖市、国との合同対策本部会議を同日に初開催した。雇用を含む地域経済への影響軽減を目指す。

　知事は臨時記者会見で高炉２基の操業継続に向け、県と両市で設備投資に計約100億円規模の支援、さらに県で水素活用に向けた研究開発に約50億円の支援を日鉄に提示していたことを明らかにした。県は20年２月以降、18回継続を働きかけたという。

　知事は「地元としては残念」としつつも「経済への影響が少ない形で前向きな動きを作りたい」と強調。雇用への影響については「表に出せる数字はなく、正確に把握して対応策を考える」と述べるにとどめた。

　会見後、知事や両市長、関東経済産業局長らで１日に設置した合同対策本部の初会議を開いた。情報収集を進めるとともに、相談窓口を設置することを決めた。

　錦織孝一・鹿嶋市長は冒頭で「まちづくりを根本からやり直さねばならずがくぜんとしている。県と一致団結して対策をとる」と発言。オンラインで参加した石田進・神栖市長は「経済や雇用に悪影響が出ないようにしたい」と述べた。

■日本製鉄、米国本社機能をヒューストンに移転（10/1）

　日本製鉄は米国の本社機能をニューヨークからヒューストンに11月１日付で移転する。これまで米国では両市とシカゴの３カ所に事業拠点があったが、ヒューストンに統合することで経済成長する米国南部を取り込む。

　米国内の３カ所の従業員は現在約30人でヒューストンへの集約後は若干減少する見通し。日鉄は欧州アルセロール・ミタルと折半の合弁事業で米南部アラバマ州に工場を有し、米中部や南部の自動車工場向けに鋼板を生産する。米南部に顧客が多く、ヒューストンに事業所を一本化することで、営業を強化するほか同工場を支援する。

　ヒューストンのあるテキサス州には、北部ダラスにトヨタ自動車が北米拠点をカリフォルニアから移転したほか、三菱重工業もニューヨークから移転した。個人所得税や法人所得税がゼロといった他州に比べた割安な税負担が魅力で、賃料など生活コストも西海岸や東海岸の大都市より安いため、米国のハイテク企業も移転先として注目している。

　ヒューストンから空路４時間以内で東海岸や西海岸、メキシコの主要都市に出張できることも強み。

✔ 就活生情報

リクルーターによって，会社の風土や社員の考え方を知る機会を多く得ることが出来ます

総合職 2020卒

エントリーシート
・形式：採用ホームページから記入
・内容：志望動機 / 学力 / 人生の喜怒哀楽を味わった体験

セミナー
・筆記や面接などが同時に実施される，選考と関係のあるもの
・服装：リクルートスーツ
・内容：最初の座談会でリクルーターがつくかどうかが決まる。esを持っていくことが重要

筆記試験
・形式：Webテスト
・科目：数学，算数／国語，漢字／性格テスト

面接（個人・集団）
・雰囲気：和やか
・回数：8回
・質問内容：就活生の今までの人生とそこにおける考え方

内定
・拘束や指示：人によっては拘束と捉える人もいる。覚悟を問われている
・タイミング：予定通り

● その他受験者からのアドバイス
・しっかりと自己分析をすることが求められるので，早いうちから人生を振り返ることが重要

自己分析は早めに. 自分の価値観を明確化すると, 会社選びの基準が見えてきます. 夏, 冬のインターンには積極的に参加しましょう

技術系総合職 2020卒

エントリーシート

・内容：研究内容／アルバイト経験／希望する事業や職種, その仕事に自分のどんなところを活かせるか／学生時代力を入れたこと, そこから得たこと／自分自身の魅力と, 今後変えていきたいと考えていること

セミナー

・筆記や面接などが同時に実施される, 選考と関係のあるもの
・内容：リクルーター主催の工場見学が説明会を兼ねる. 高炉～めっき・線材といった工程のうち1, 2つ／回を見学, 質疑応答, 職種紹介. 工場見学後には必ず懇親会があり, 社員の方と仕事や趣味等について話した

筆記試験

・インターンに参加者は, 就活時の試験は免除

面接 (個人・集団)

・雰囲気：普通
・回数：4回
・質問内容：工場見学後のOBの方と面談. 就活の軸や研究, 事前提出のESを元に, 研究や就活の軸, やりたい仕事等について深堀り. 研究やガクチカについて否定的な質問を繰り返しされたり, 人付き合いやストレス発散法に関する質問が多く, ストレス耐性を見ているようだった

内定

・拘束や指示：就職活動の終了. 6月に推薦状を提出を言われた
・通知方法：電話
・タイミング：予定より早い

● その他受験者からのアドバイス

・選考の過程で（福利厚生を含めた）会社や業界のことを深く知ることができるので, 学生と会社間のミスマッチが生じにくい
・人により選考ルートが色々. 同大学でも専攻が違うと選考ルートに差がでる

面接では，自分の幼少期からの経験を背景にして話すとよいです。いかに，この人と一緒に働きたいと思わせるかが，大切な会社です

総合職事務系 2020卒

エントリーシート
- 形式：採用ホームページから記入
- 内容：ゼミでの研究内容，アルバイト経験，学生時代に力を入れて取り組んだこと，関心を持ったきっかけ，これまでの人生における喜怒哀楽

セミナー
- 選考とは無関係
- 服装：リクルートスーツ
- 内容：企業紹介

筆記試験
- 形式：Webテスト
- 科目：数学，算数/国語，漢字

面接（個人・集団）
- 回数：2回
- 質問内容：なぜ第一志望になったのか，その経緯，小学生時代からの人生の深堀り

内定
- 拘束や指示：他の企業への断りを入れるように指示をされる
- 通知方法：電話

▶ その他受験者からのアドバイス
- 自己分析を深く行って，自分のやりたいことと，差異があまりない企業を選ぶべき

志望度を明確にし，理系ならば研究について何を質問されても大丈夫なようにまとめておき，標準的な自己分析をしておけば大丈夫

総合職技術系 2020卒

エントリーシート

・内容：研究内容，どのような仕事・職種につきたいか，またそこで自分の長所をどうやって生かすか，学生時代力を入れたこととそこから得たもの，長所と短所，その他所持資格，アルバイト経験，インターン，留学経験の有無

セミナー

・選考とは無関係
・服装：リクルートスーツ
・内容：社員の方に直接質問ができたり，人事の方と個別で話す機会があった

筆記試験

・形式：Webテスト
・科目：SPI（数学，算数／国語，漢字／性格テスト）

面接（個人・集団）

・内容：1回目の3月に行われたマッチング面談では最寄りの営業所で3名の面接官を相手に最初に志望動機，その後技術系の面接官に研究内容をホワイトボードを使って説明した。その後人事から志望動機の掘り下げやエントリーシートに沿った質問が続いた。
・2回目は6月1日に製鉄所で志望動機，研究内容，配属希望を聞かれその場で内々定を言い渡された

内定

・通知方法：最終面接

● その他受験者からのアドバイス

・理系の学生ならば，研究を何よりも大事にすること。研究の背景や今後の展望まで深く考えることで，自分に対するリクルーターの評価が大きく上がる

自分の今までの経験や，お会いした社員のお話や感想などを交えながら，志望度の高さを伝えることが重要だと思います

事務系 2019卒

エントリーシート
・形式：マイページ上で提出
・内容：学生時代に力をいれて取り組んだこと，当社に関心を持ったきっかけを，これまでの人生における喜怒哀楽を象徴する出来事　など

セミナー
・記載なし

筆記試験
・形式：Webテスト
・科目：SPI（言語・計数・性格検査の3つ）

面接（個人・集団）
・回数：6回
・質問内容：学生時代に力をいれたことについて，今までの社員と会った感想は，なぜ鉄で，なぜ新日鐵住金か，他の企業の選考状況について，新日鐵住金が本当に第一志望か　等

内定
・タイミング：内定時期は6月上旬

● その他受験者からのアドバイス
・幼少期から現代まで尋ねられて，かなり人となりを見ているように感じた。幼少期から現代までについて，話す中でも常に自分の強みを盛り込みながら話した
・自分の言葉でなぜ鉄で，新日鐵住金なのかを伝えた。志望度の高さが伝わるように気を付けた

工場見学はなるべく多く参加しておくとよい。同じ業界でも他者と社風が全く異なるので、そちらも見学してみることをおすすめする

総合職 2019卒

エントリーシート

・形式：採用ホームページから記入
・内容：特筆する内容はない。頑張ったこととか平々凡々な設問ばかり

セミナー

・選考とは無関係
・服装：リクルートスーツ
・内容：自分は不参加。行く意味（通りやすくなるとか）はあんまないと思う

筆記試験

・形式：Webテスト
・科目：SPI（数学，算数／国語，漢字／性格テスト）

面接（個人・集団）

・雰囲気：和やか
・回数：5回
・質問内容：実質1回。4月に採用枠毎に担当の各製鉄所（本社）で実施。人事面談では小中時代のこと，将来の夢等。技術面談では研究内容の説明

グループディスカッション

・内容：one-day steel collegeでGDを行った。工場見学後，グループに分かれて行程の改善案を検討し発表する

内定

・拘束や指示：6月の最終面接で内々定となるが特に書面等は発行されない
・タイミング：10月の内定式中に役員との面接があり，その後に内定通知

● その他受験者からのアドバイス

・よくなかった点は，採用の進み具合が就活生側ではいまいちわからないこと

リクルータ面談では，しっかりと考えて自分自身の言葉で話すことが重要です

総合職 2018卒

エントリーシート

・形式：採用ホームページから記入

セミナー

・選考とは無関係

・服装：リクルートスーツ

筆記試験

・形式：Webテスト

・科目：数学，算数／国語，漢字／性格テスト

面接（個人・集団）

・雰囲気：和やか

・回数：1回

・質問内容：簡単な自己紹介からの深堀り，自分自身の人生を通して作り上げられた価値観についての深堀り

内定

・拘束や指示：他社の選考を受けないこと

・タイミング：予定通り

▶ その他受験者からのアドバイス

・よかった点は，小手先のことよりも自分自身を見てくれようとする点。しっかりと考えて自分の言葉で話せば，社員が向き合ってくれる

・よくなかった点は，採用ルートが不透明である点。何回リク面を突破すれば良いかがわからない

総合職技術系 2018卒

エントリーシート

・形式：採用ホームページから記入
・内容：趣味，特技，志望動機など，ありふれた質問のみ

セミナー

・服装：リクルートスーツ
・内容：製鉄所内部の見学会に参加しました。製鉄所のスケールの大きさ，製鉄工程の壮大さを実際に見て，肌で感じることができました

筆記試験

・記載なし

面接（個人・集団）

・雰囲気：和やか
・回数：1回
・質問内容：世間話程度の会話

グループディスカッション

・内容：5時間のグループワーク。実際の業務内容に即したお題が出た。5人グループで解決案を提示し，最後にプレゼンをおこなった

● その他受験者からのアドバイス

・連絡が遅い

斜に構えず，自分の頭で一生懸命考えて物事を発言
し行動すれば，企業側も真剣に見てくれます

総合職事務系 2017卒

エントリーシート
・形式：採用ホームページから記入

セミナー
・選考とは無関係
・服装：全くの普段着
・内容：丸一日かけた製鉄所の見学会があり，先輩社員との懇親会等で選考フ
ローの確認ができる

筆記試験
・形式：Webテスト
・科目：数学，算数／性格テスト
・内容：web上のSPIだが，点数はほとんどみられていないと感じた。人によっ
ては受けずに面談が進む場合もあるほど

面接（個人・集団）
・雰囲気：和やか
・回数：2回
・内容：リクルーター面談で聞かれたことを中心に1時間程度。人によっては1
～3回程度

内定
・拘束や指示：第一志望と伝えていたので特になし
・タイミングは，予定通り

● その他受験者からのアドバイス
・リクルーター面談を中心に進んでいくため，就活の技術が高い学生をとる
というイメージは無く，自分のおもいをそのまま受け入れてくれる
・何回面談をするのかが分からなかったり，選考から落ちた時にはっきりと
連絡がなかった

一般職 2017卒

エントリーシート
・形式：履歴書のみ

セミナー
・選考とは無関係
・服装：リクルートスーツ

筆記試験
・形式：Webテスト
・科目：数学，算数／国語，漢字／性格テスト

面接（個人・集団）
・雰囲気：普通
・回数：2回

内定
・通知方法：電子メール

▶ その他受験者からのアドバイス
・1つ内定をもらっても就活を辞めずに，納得がいくまで続けてください。ある程度内定が揃った上で社員訪問などを行い，自分に合った会社を選ぶことをオススメします

✔ 有価証券報告書の読み方

01 部分的に読み解くことからスタートしよう

　「有価証券報告書（以下，有報）」という名前を聞いたことがある人も少なくはないだろう。しかし，実際に中身を見たことがある人は決して多くはないのではないだろうか。有報とは上場企業が年に１度作成する，企業内容に関する開示資料のことをいう。開示項目には決算情報や事業内容について，従業員の状況等について記載されており，誰でも自由に見ることができる。

　一般的に有報は，証券会社や銀行の職員，または投資家などがこれを読み込み，その後の戦略を立てるのに活用しているイメージだろう。その認識は間違いではないが，だからといって就活に役に立たないというわけではない。就活を有利に進める上で，お得な情報がふんだんに含まれているのだ。ではどの部分が役に立つのか，実際に解説していく。

■有価証券報告書の開示内容

　では実際に，有報の開示内容を見てみよう。

有価証券報告書の開示内容
第一部【企業情報】
第１　【企業の概況】
第２　【事業の状況】
第３　【設備の状況】
第４　【提出会社の状況】
第５　【経理の状況】
第６　【提出会社の株式事務の概要】
第７　【提出会社の状参考情報】
第二部【提出会社の保証会社等の情報】
第１　【保証会社情報】
第２　【保証会社以外の会社の情報】
第３　【指数等の情報】

有報は記載項目が統一されているため，どの会社に関しても同じ内容で書かれている。このうち就活において必要な情報が記載されているのは，第一部の第1【企業の概況】～第5【経理の状況】まで，それ以降は無視してしまってかまわない。

02 企業の概況の注目ポイント

　第1【企業の概況】には役立つ情報が満載。そんな中，最初に注目したいのは，冒頭に記載されている【主要な経営指標等の推移】の表だ。

回次		第25期	第26期	第27期	第28期	第29期
決算年月		平成24年3月	平成25年3月	平成26年3月	平成27年3月	平成28年3月
営業収益	(百万円)	2,532,173	2,671,822	2,702,916	2,756,165	2,867,199
経常利益	(百万円)	272,182	317,487	332,518	361,977	428,902
親会社株主に帰属する当期純利益	(百万円)	108,737	175,384	199,939	180,397	245,309
包括利益	(百万円)	109,304	197,739	214,632	229,292	217,419
純資産額	(百万円)	1,890,633	2,048,192	2,199,357	2,304,976	2,462,537
総資産額	(百万円)	7,060,409	7,223,204	7,428,303	7,605,690	7,789,762
1株当たり純資産額	(円)	4,738.51	5,135.76	5,529.40	5,818.19	6,232.40
1株当たり当期純利益	(円)	274.89	443.70	506.77	458.95	625.82
潜在株式調整後1株当たり当期純利益	(円)	—	—	—	—	—
自己資本比率	(%)	26.5	28.1	29.4	30.1	31.4
自己資本利益率	(%)	5.9	9.0	9.5	8.1	10.4
株価収益率	(倍)	19.0	17.4	15.0	21.0	15.5
営業活動によるキャッシュ・フロー	(百万円)	558,650	588,529	562,763	622,762	673,109
投資活動によるキャッシュ・フロー	(百万円)	△370,684	△465,951	△474,697	△476,844	△499,575
財務活動によるキャッシュ・フロー	(百万円)	△152,428	△101,151	△91,367	△86,636	△110,265
現金及び現金同等物の期末残高	(百万円)	167,525	189,262	186,057	245,170	307,809
従業員数 [ほか，臨時従業員数]	(人)	71,729 [27,746]	73,017 [27,312]	73,551 [27,736]	73,329 [27,313]	73,053 [26,147]

　見慣れない単語が続くが，そう難しく考える必要はない。特に注意してほしいのが，**営業収益**，**経常利益**の二つ。営業収益とはいわゆる**総売上額**のことであり，これが企業の本業を指す。その営業収益から営業費用（営業費（販売費＋一般管理費）＋売上原価）を差し引いたものが**営業利益**となる。会社の業種はなんであれ，モノを顧客に販売した合計値が営業収益であり，その営業収益から人件費や家賃，広告宣伝費などを差し引いたものが営業利益と覚えておこう。対して経常利益は営業利益から本業以外の損益を差し引いたもの。いわゆる金利による収益や不動産収入などがこれにあたり，本業以外でその会社がどの程度の力をもっているかをはかる絶好の指標となる。

■会社のアウトラインを知れる情報が続く。

　この主要な経営指標の推移の表につづいて，「会社の沿革」，「事業の内容」，「関係会社の状況」「従業員の状況」などが記載されている。自分が試験を受ける企業のことを，より深く知っておくにこしたことはない。会社がどのように発展してきたのか，主としている事業はどのようなものがあるのか，従業員数や平均年齢はどれくらいなのか，志望動機などを作成する際に役立ててほしい。

03 事業の状況の注目ポイント

　第2となる【事業の状況】において，最重要となるのは**業績等の概要**といえる。ここでは1年間における収益の増減の理由が文章で記載されている。「○○という商品が好調に推移したため，売上高は△△になりました」といった情報が，比較的易しい文章で書かれている。もちろん，損失が出た場合に関しても包み隠さず記載してあるので，その会社の1年間の動向を知るための格好の資料となる。

　また，業績については各事業ごとに細かく別れて記載してある。例えば鉄道会社ならば，①運輸業，②駅スペース活用事業，③ショッピング・オフィス事業，④その他といった具合だ。**どのサービス・商品がどの程度の売上を出したのか**，会社の持つ展望として，今後**どの事業をより活性化**していくつもりなのか，などを意識しながら読み進めるとよいだろう。

■「対処すべき課題」と「事業等のリスク」

　業績等の概要と同様に重要となるのが，「**対処すべき課題**」と「**事業等のリスク**」の2項目といえる。ここで読み解きたいのは，その会社の**今後の伸びしろ**について。いま，会社はどのような状況にあって，どのような課題を抱えているのか。また，その課題に対して取られている対策の具体的な内容などから経営方針などを読み解くことができる。リスクに関しては法改正や安全面，他の企業の参入状況など，会社にとって決してプラスとは言えない情報もつつみ隠さず記載してある。客観的にその会社を再評価する意味でも，ぜひ目を通していただきたい。

　次代を担う就活生にとって，ここの情報はアピールポイントとして組み立てやすい。「新事業の○○の発展に際して……」，「御社が抱える●●というリスクに対して……」などという発言を面接時にできれば，面接官の心証も変わってくるはずだ。

　最後に注目したいのが，第5【経理の状況】だ。ここでは，簡単にいえば【主要な経営指標等の推移】の表をより細分化した表が多く記載されている。ここの情報をすべて理解するのは，簿記の知識がないと難しい。しかし，そういった知識があまりなくても，読み解ける情報は数多くある。例えば**損益計算書**などがそれに当たる。

連結損益計算書

(単位：百万円)

	前連結会計年度 (自 平成26年4月1日 至 平成27年3月31日)	当連結会計年度 (自 平成27年4月1日 至 平成28年3月31日)
営業収益	2,756,165	2,867,199
営業費		
運輸業等営業費及び売上原価	1,806,181	1,841,025
販売費及び一般管理費	※1 522,462	※1 538,352
営業費合計	2,328,643	2,379,378
営業利益	427,521	487,821
営業外収益		
受取利息	152	214
受取配当金	3,602	3,703
物品売却益	1,438	998
受取保険金及び配当金	8,203	10,067
持分法による投資利益	3,134	2,565
雑収入	4,326	4,067
営業外収益合計	20,858	21,616
営業外費用		
支払利息	81,961	76,332
物品売却損	350	294
雑支出	4,090	3,908
営業外費用合計	86,403	80,535
経常利益	361,977	428,902
特別利益		
固定資産売却益	※4 1,211	※4 838
工事負担金等受入額	※5 59,205	※5 24,487
投資有価証券売却益	1,269	4,473
その他	5,016	6,921
特別利益合計	66,703	36,721
特別損失		
固定資産売却損	※6 2,088	※6 1,102
固定資産除却損	※7 3,957	5,105
工事負担金等圧縮額	※8 54,253	※8 18,346
減損損失	※9 12,738	※9 12,297
耐震補強重点対策関連費用	8,906	10,288
災害損失引当金繰入額	1,306	25,085
その他	30,128	8,537
特別損失合計	113,379	80,763
税金等調整前当期純利益	315,300	384,860
法人税、住民税及び事業税	107,540	128,972
法人税等調整額	26,202	9,326
法人税等合計	133,742	138,298
当期純利益	181,558	246,561
非支配株主に帰属する当期純利益	1,160	1,251
親会社株主に帰属する当期純利益	180,397	245,309

　主要な経営指標等の推移で記載されていた**経常利益**の算出する上で必要な営業外収益などについて，詳細に記載されているので，一度目を通しておこう。
　いよいよ次ページからは実際の有報が記載されている。ここで得た情報をもとに有報を確実に読み解き，就職活動を有利に進めよう。

✔ 有価証券報告書

■ 企業の概況

1 主要な経営指標等の推移

(1) 最近5連結会計年度に係る主要な経営指標等の推移 ·····

回次		第94期	第95期	第96期	第97期	第98期
決算年月		2019年3月	2020年3月	2021年3月	2022年3月	2023年3月
売上収益	(百万円)	6,177,947	5,921,525	4,829,272	6,808,890	7,975,586
事業利益（△は損失）	(百万円)	336,941	△284,417	110,046	938,130	916,456
親会社の所有者に帰属する当期利益（△は損失）	(百万円)	251,169	△431,513	△32,432	637,321	694,016
当期包括利益	(百万円)	85,114	△543,642	143,233	816,342	926,920
親会社の所有者に帰属する持分	(百万円)	3,230,788	2,641,618	2,759,996	3,466,799	4,181,155
資産合計	(百万円)	8,049,528	7,444,965	7,573,946	8,752,346	9,567,099
1株当たり親会社所有者帰属持分	(円)	3,509.72	2,869.19	2,997.53	3,764.69	4,540.59
基本的1株当たり当期利益（△は損失）	(円)	281.77	△468.74	△35.22	692.16	753.66
希薄化後1株当たり当期利益（△は損失）	(円)	281.77	△468.74	△35.22	657.48	671.89
親会社所有者帰属持分比率	(%)	40.1	35.5	36.4	39.6	43.7
親会社所有者帰属持分利益率	(%)	7.9	△14.7	△1.2	20.5	18.1
株価収益率	(倍)	6.9	—	—	3.1	4.1
営業活動によるキャッシュ・フロー	(百万円)	452,341	494,330	403,185	615,635	661,274
投資活動によるキャッシュ・フロー	(百万円)	△381,805	△345,627	△389,035	△378,866	△366,580
財務活動によるキャッシュ・フロー	(百万円)	△42,900	△14,582	52,694	△61,304	△197,655
現金及び現金同等物の期末残高	(百万円)	163,176	289,459	359,465	551,049	670,410
従業員数[外、平均臨時従業員数]	(人)(人)	105,796[20,164]	106,599[19,725]	106,226[18,812]	106,528[17,278]	106,068[15,922]

(注) 1　国際会計基準（以下「IFRS」という。）に基づいて連結財務諸表を作成している。

2　従業員数は各期とも3月31日現在の就業人員数（連結会社から連結会社以外への出向者を除き，連結会社以外から連結会社への出向者を含む。）であり，嘱託・臨時従業員を含まない。

3　△はマイナスを示す。

4　事業利益とは，持続的な事業活動の成果を表し，当社グループの業績を継続的に比較・評価することに資する連結経営業績の代表的指標であり，売上収益から売上原価，販売費及び一般管理費，

---

point **主要な経営指標等の推移**

数年分の経営指標の推移がコンパクトにまとめられている。見るべき箇所は連結の売上，利益，株主資本比率の3つ。売上と利益は順調に右肩上がりに伸びているか，逆に利益で赤字が続いていたりしないかをチェックする。株主資本比率が高いとリーマンショックなど景気が悪化したときなどでも経営が傾かないという安心感がある。

並びにその他費用を控除し，持分法による投資利益及びその他収益を加えたものである。その他収益及びその他費用は，受取配当金，為替差損益，固定資産除却損等から構成されている。

5　第95期，第96期の株価収益率については，当期損失が計上されているため記載していない。

（2）提出会社の最近5事業年度に係る主要な経営指標等の推移 ················

回次		第94期	第95期	第96期	第97期	第98期
決算年月		2019年3月	2020年3月	2021年3月	2022年3月	2023年3月
売上高	（百万円）	3,562,226	3,312,949	2,820,992	4,365,970	4,973,537
経常利益（△は損失）	（百万円）	112,319	△40,410	△25,446	536,792	527,162
当期純利益（△は損失）	（百万円）	145,319	△455,641	△42,098	393,022	503,643
資本金	（百万円）	419,524	419,524	419,524	419,524	419,524
発行済株式総数	（千株）	950,321	950,321	950,321	950,321	950,321
純資産	（百万円）	2,072,452	1,446,409	1,467,570	1,780,048	2,135,393
総資産	（百万円）	5,462,897	5,009,656	5,253,847	5,926,165	6,280,924
1株当たり純資産額	（円）	2,247.72	1,568.77	1,591.76	1,930.74	2,316.22
1株当たり配当額 （内1株当たり 中間配当額）	（円）	80 (40)	10 (10)	10 (—)	160 (70)	180 (90)
1株当たり当期純利益 （△は損失）	（円）	162.79	△494.18	△45.66	426.28	546.28
潜在株式調整後 1株当たり当期純利益	（円）	—	—	—	404.95	487.07
自己資本比率	（%）	37.9	28.9	27.9	30.0	34.0
自己資本利益率	（%）	7.1	△25.9	△2.9	24.2	25.7
株価収益率	（倍）	12.0	—	—	5.1	5.7
配当性向	（%）	49.1			37.5	32.9
従業員数 ［外、平均臨時従業員数］	（人） （人）	26,570 [4,228]	27,096 [4,087]	29,579 [3,723]	28,708 [2,648]	28,331 [1,791]
株主総利回り （比較指標：配当込みTOPIX）	（%） （%）	87.1 (95.0)	43.5 (85.9)	85.0 (122.1)	104.0 (124.6)	152.4 (131.8)
最高株価	（円）	2,527.0	2,081.0	1,954.0	2,381.0	3,294.0
最低株価	（円）	1,794.0	857.0	798.1	1,690.5	1,838.0

（注）1　従業員数は各期とも3月31日現在の就業人員数（他社への出向者を除き，他社からの出向者を含む。）であり，嘱託・臨時従業員を含まない。

2　△はマイナスを示す。

3　第94期から第96期の潜在株式調整後1株当たり当期純利益については，潜在株式が存在しないため記載していない。

4　第95期，第96期の株価収益率及び配当性向については，当期純損失が計上されているため記載し

ていない。

5　株主総利回りは，株式投資により得られた収益（配当とキャピタルゲイン）を投資額（株価）で除した比率で，次の計算式で算出した。（各事業年度末日の株価＋当事業年度の4事業年度前から各事業年度までの1株当たり配当額の累計額）÷当事業年度末の5事業年度前の末日の株価

6　2022年4月3日以前は東京証券取引所市場第一部，2022年4月4日以降は東京証券取引所プライム市場の株価を採用した。

2　沿革

当社は，1950年4月1日に設立され，1970年3月31日に八幡製鐵株式会社と富士製鐵株式会社が合併し商号を新日本製鐵株式會社に変更。2012年10月1日に住友金属工業株式会社と合併し商号を新日鐵住金株式会社に変更。さらに，2019年4月1日に商号を日本製鉄株式会社に変更。現在に至っています。

1950年4月	・当社設立。八幡製鐵（株）及び富士製鐵（株）が，会社経理応急措置法及び企業再建整備法の適用を受けた日本製鐵（株）から，資産等の現物出資を受ける。 　なお，日本製鐵（株）は，八幡製鐵（株），富士製鐵（株）その他の会社に対して資産等を譲渡したうえで解散し，清算会社に移行。
1970年3月	・八幡製鐵（株）と富士製鐵（株）が合併し，商号を新日本製鐵（株）に変更 ・東京をはじめ全国8証券取引所に株式を上場
1971年4月	・富士三機鋼管（株）と合併
1974年6月	・エンジニアリング事業本部を設置
1984年4月	・新日本製鉄化学工業（株）及び日鐵化学工業（株）が合併し，商号を新日鐵化学（株）に変更
1984年7月	・新素材事業開発本部を設置
1986年7月	・エレクトロニクス事業部を設置
1987年3月	・新日鐵化学（株），東京証券取引所に株式を上場
1987年6月	・新素材事業本部，エレクトロニクス・情報通信事業本部及びライフサービス事業部を設置
1988年4月	・日鐵コンピュータシステム（株），当社情報システム部門を統合し，商号を新日鉄情報通信システム（株）に変更
1989年6月	・ライフサービス事業部をエンジニアリング事業本部に編入
1991年6月	・中央研究本部と設備技術本部を統合し，技術開発本部を設置
1991年9月	・総合技術センターを設置
1993年6月	・LSI事業部を設置
1997年4月	・シリコンウェーハ事業部を設置

(point) 沿革

どのように創業したかという経緯から現在までの会社の歴史を年表で知ることができる。過去に行った重要なM&Aなどがいつ行われたのか，ブランド名はいつから使われているのか，いつ頃から海外進出を始めたのか，など確認することができて便利だ。

1998年4月	・都市開発事業部をエンジニアリング事業本部から分離
1999年4月	・LSI事業部を廃止
2001年4月	・（株）日鉄ライフ，商号を（株）新日鉄都市開発に変更 ・新日鉄情報通信システム（株），当社エレクトロニクス・情報通信事業部を統合し，商号を新日鉄ソリューションズ（株）に変更
2002年4月	・（株）新日鉄都市開発，当社都市開発事業部を統合
2002年10月	・新日鉄ソリューションズ（株），東京証券取引所に株式を上場
2003年7月	・新日鐵化学（株）を完全子会社化
2004年4月	・シリコンウェーハ事業部を廃止
2006年7月	・エンジニアリング事業本部，新素材事業部において遂行する事業を会社分割により新日鉄エンジニアリング（株），新日鉄マテリアルズ（株）へ事業承継
2012年10月	・住友金属工業（株）と合併し，商号を新日鐵住金（株）に変更 ・（株）新日鉄都市開発は，興和不動産（株）と合併し，商号を新日鉄興和不動産（株）に変更，同社は連結子会社から持分法適用関連会社へ ・新日鉄エンジニアリング（株），商号を新日鉄住金エンジニアリング（株）に変更 ・新日鐵化学（株），商号を新日鉄住金化学（株）に変更 ・新日鉄マテリアルズ（株），商号を新日鉄住金マテリアルズ（株）に変更 ・新日鉄ソリューションズ（株），商号を新日鉄住金ソリューションズ（株）に変更
2017年3月	・日新製鋼（株）を子会社化
2018年10月	・新日鉄住金化学（株）及び新日鉄住金マテリアルズ（株）が合併し，商号を日鉄ケミカル＆マテリアル（株）に変更
2019年1月	・日新製鋼（株）を完全子会社化
2019年3月	・山陽特殊製鋼（株）を子会社化
2019年4月	・商号を日本製鉄（株）に変更 ・新日鉄住金エンジニアリング（株），商号を日鉄エンジニアリング（株）に変更 ・新日鉄住金ソリューションズ（株），商号を日鉄ソリューションズ（株）に変更
2020年4月	・日鉄日新製鋼（株）と合併
2023年4月	・日鉄物産（株）を子会社化

(point) 事業の内容

会社の事業がどのようにセグメント分けされているか，そして各セグメントではどのようなビジネスを行っているかなどの説明がある。また最後に事業の系統図が載せてあり，本社，取引先，国内外子会社の製品・サービスや部品の流れが分かる。ただセグメントが多いコングロマリットをすぐに理解するのは簡単ではない。

3　事業の内容

　当社グループ（当社及び当社の関係会社）の事業体制は，製鉄事業，エンジニアリング事業，ケミカル＆マテリアル事業及びシステムソリューション事業です。

　なお，これら4事業は本報告書「第一部企業情報第5　経理の状況　1　連結財務諸表等（1）連結財務諸表事業セグメント」に掲げるセグメント情報の区分と同一です。

　2023年3月31日現在，当社グループは，当社及び360社の連結子会社並びに97社の持分法適用関連会社等により構成されます。

　各事業を構成している当社及び当社連結子会社において営まれている主な事業の内容及び位置づけは次のとおりです。なお，主要な関係会社につきましては，本報告書「第一部企業情報第1　企業の概況　4　関係会社の状況」に記載しています。

[製鉄事業]

　条鋼（鋼片，軌条，鋼矢板，H形鋼，その他形鋼，棒鋼，バーインコイル，普通線材，特殊線材），鋼板（厚板，中板，熱延薄板類，冷延薄板類，ブリキ，ティンフリースチール，亜鉛めっき鋼板，その他金属めっき鋼板，塗装鋼板，冷延電気鋼帯），鋼管（継目無鋼管，鍛接鋼管，電縫鋼管，電弧溶接鋼管，冷けん鋼管，めっき鋼管，被覆鋼管），交通産機品（鉄道車両部品，型鍛造品，鍛造アルミホイール，リターダ，環状圧延品，鍛鋼品），特殊鋼（ステンレス鋼，機械構造用炭素鋼，構造用合金鋼，ばね鋼，軸受鋼，耐熱鋼，快削鋼，ピアノ線材，高抗張力鋼），鋼材二次製品（スチール・合成セグメント，NS－BOX，メトロデッキ，パンザーマスト，制振鋼板，建築用薄板部材，コラム，溶接材料，ドラム缶，ボルト・ナット・ワッシャー，線材加工製品，油井管付属品，建築・土木建材製品），銑鉄・鋼塊他（製鋼用銑，鋳物用銑，鋼塊，鉄鋼スラグ製品，セメント，鋳物用コークス），製鉄事業に付帯する事業（機械・電気・計装関係機器の設計・整備・工事施工，海上運送，港湾運送，陸上運送，荷役，倉庫業，梱包作業，材料試験・分析，作業環境測定，技術情報の調査，施設運営管理，警備保障業，原料決済関連サービス，製鉄所建設エンジニアリング，操業指導，製鉄技術供与，ロール），その他（チタン展伸材，電力，不動産，サービスその他）

[エンジニアリング事業]

　製鉄プラント，産業機械・装置，工業炉，資源循環・環境修復ソリューション，環境プラント，水道工事，エネルギー設備プラント，化学プラント，タンク，陸上・海底配管工事，エネルギー関連ソリューション，海洋構造物加工・工事，土木工事，鋼管杭打工事，建築総合工事，鉄骨工事，トラス，システム建築製品，免震・制振デバイス

[ケミカル＆マテリアル事業]

　ピッチコークス，ピッチ，ナフタリン，無水フタル酸，カーボンブラック，スチレンモノマー，ビスフェノールA，スチレン系樹脂，エポキシ系樹脂，無接着剤FPC用銅張積層板，液晶ディスプレイ材料，有機EL材料，UV・熱硬化性樹脂材料，圧延金属箔，半導体用ボンディングワイヤ・マイクロボール，半導体封止材用フィラー，炭素繊維複合材，排気ガス浄化用触媒担体，多孔質炭素材料

[システムソリューション事業]

　コンピュータシステムに関するエンジニアリング・コンサルティング，ITを用いたアウトソーシングサービスその他の各種サービス

［事業系統図］

　以上述べた事項を事業系統図によって示すと，次のとおりです。

（2023年3月31日現在）

会 社 名	住 所	資本金	主要な事業の内容	議決権の所有割合	関 係 内 容
山陽特殊製鋼㈱	兵庫県姫路市	百万円 53,800	特殊鋼製品の製造販売	53.2%（ 0.1%）	①役員の兼任 　当社従業員1名が当該子会社の役員を兼任している。 ②営業上の取引 　当社と当該子会社との間で，鋼材の生産を相互に受委託している。当該子会社は当社に資金の預け入れを行っている。 ③資金援助，設備の賃貸借，業務提携 　記載すべき事項はない。
日鉄鋼板㈱	東京都中央区	百万円 12,588	亜鉛鉄板・着色亜鉛鉄板・表面処理鋼板・建築材料の製造販売	100.0%	①役員の兼任 　当社従業員2名が当該子会社の役員を兼任している。 ②営業上の取引 　当社は当該子会社に対し鋼材を販売している。当該子会社は当社に資金の預け入れを行っている。 ③資金援助，設備の賃貸借，業務提携 　当社は当該子会社に対し資金の貸し付けを行っている。
大阪製鐵㈱	大阪府大阪市	百万円 8,769	形鋼・棒鋼・平鋼・鋼片の製造販売	66.3%（ 0.3%）	①役員の兼任 　当社従業員1名が当該子会社の役員を兼任している。 ②営業上の取引 　当該子会社は当社に資金の預け入れを行うとともに，当社に資金の貸付も行っている。 ③資金援助，設備の賃貸借，業務提携 　記載すべき事項はない。
日鉄建材㈱	東京都千代田区	百万円 5,912	建築建材・土木建材・着色亜鉛鉄板・製鋼用パウダーの製造販売	100.0%	①役員の兼任 　当社従業員2名が当該子会社の役員を兼任している。 ②営業上の取引 　当社は当該子会社に対し鋼材を販売している。当該子会社は当社に資金の預け入れを行っている。 ③資金援助，設備の賃貸借，業務提携 　記載すべき事項はない。
黒崎播磨㈱	福岡県北九州市	百万円 5,537	耐火物の製造販売、築炉工事	46.9%（ 0.0%）	①役員の兼任 　当社従業員1名が当該子会社の役員を兼任している。 ②営業上の取引 　当社は当該子会社より耐火物を購入している。 ③資金援助，設備の賃貸借，業務提携 　記載すべき事項はない。
日鉄テックスエンジ㈱	東京都千代田区	百万円 5,468	鉄鋼生産設備等の機械・電気計装・システム・建設に関するエンジニアリング及び整備、操業	100.0%	①役員の兼任 　当社従業員2名が当該子会社の役員を兼任している。 ②営業上の取引 　当社は当該子会社に対し鉄鋼製品の製造に関連する工事・整備・操業を委託している。当該子会社は当社に資金の預け入れを行っている。 ③資金援助，設備の賃貸借，業務提携 　当社は当該子会社に対し資金の貸し付けを行っている。
日鉄鋼管㈱	東京都千代田区	百万円 5,000	鋼管の製造販売	100.0%	①役員の兼任 　当社従業員2名が当該子会社の役員を兼任している。 ②営業上の取引 　当社は当該子会社に対し鋼材を販売し，鋼管の加工を委託している。当該子会社は当社に資金の預け入れを行っている。 ③資金援助，設備の賃貸借，業務提携 　記載すべき事項はない。

主要な連結子会社及び持分法適用会社　　　　　（2023年3月31日現在）

[製鉄事業 / 主要な連結子会社]

会社名	住所	資本金	主要な事業の内容	議決権の所有割合	関係内容
山陽特殊製鋼㈱	兵庫県姫路市	百万円 53,800	特殊鋼製品の製造販売	53.2% (0.1%)	①役員の兼任 当社従業員1名が当該子会社の役員を兼任している。 ②営業上の取引 当社と当該子会社との間で、鋼材の生産を相互に受委託している。当該子会社は当社に資金の預け入れを行っている。 ③資金援助、設備の賃貸借、業務提携 記載すべき事項はない。
日鉄鋼板㈱	東京都中央区	百万円 12,588	亜鉛鉄板・着色亜鉛鉄板・表面処理鋼板・建築材料の製造販売	100.0%	①役員の兼任 当社従業員2名が当該子会社の役員を兼任している。 ②営業上の取引 当社は当該子会社に対し鋼材を販売している。当該子会社は当社に資金の預け入れを行っている。 ③資金援助、設備の賃貸借、業務提携 当社は当該子会社に対し資金の貸し付けを行っている。
大阪製鐵㈱	大阪府大阪市	百万円 8,769	形鋼・棒鋼・平鋼・鋼片の製造販売	66.3% (0.3%)	①役員の兼任 当社従業員1名が当該子会社の役員を兼任している。 ②営業上の取引 当該子会社は当社に資金の預け入れを行うとともに、当社に資金の貸付も行っている。 ③資金援助、設備の賃貸借、業務提携 記載すべき事項はない。
日鉄建材㈱	東京都千代田区	百万円 5,912	建築建材・土木建材・着色亜鉛鉄板・製鋼用パウダーの製造販売	100.0%	①役員の兼任 当社従業員2名が当該子会社の役員を兼任している。 ②営業上の取引 当社は当該子会社に対し鋼材を販売している。当該子会社は当社に資金の預け入れを行っている。 ③資金援助、設備の賃貸借、業務提携 記載すべき事項はない。
黒崎播磨㈱	福岡県北九州市	百万円 5,537	耐火物の製造販売、築炉工事	46.9% (0.0%)	①役員の兼任 当社従業員1名が当該子会社の役員を兼任している。 ②営業上の取引 当社は当該子会社より耐火物を購入している。 ③資金援助、設備の賃貸借、業務提携 記載すべき事項はない。
日鉄テックスエンジ㈱	東京都千代田区	百万円 5,468	鉄鋼生産設備等の機械・電気計装・システム・建設に関するエンジニアリング及び整備、操業	100.0%	①役員の兼任 当社従業員2名が当該子会社の役員を兼任している。 ②営業上の取引 当社は当該子会社に対し鉄鋼製品の製造に関連する工事・整備・操業を委託している。当該子会社は当社に資金の預け入れを行っている。 ③資金援助、設備の賃貸借、業務提携 当社は当該子会社に対し資金の貸し付けを行っている。
日鉄鋼管㈱	東京都千代田区	百万円 5,000	鋼管の製造販売	100.0%	①役員の兼任 当社従業員2名が当該子会社の役員を兼任している。 ②営業上の取引 当社は当該子会社に対し鋼材を販売し、鋼管の加工を委託している。当該子会社は当社に資金の預け入れを行っている。 ③資金援助、設備の賃貸借、業務提携 記載すべき事項はない。

（point）関係会社の状況

　主に子会社のリストであり, 事業内容や親会社との関係についての説明がされている。特に製造業の場合などは子会社の数が多く, すべてを把握することは難しいが, 重要な役割を担っている子会社も多くある。有報の他の項目では一度も触れられていない場合が多いので, 気になる会社については個別に調べておくことが望ましい。

会社名	住所	資本金	主要な事業の内容	議決権の所有割合	関係内容
日鉄ステンレス㈱	東京都千代田区	百万円 5,000	ステンレス鋼の製造販売	100.0%	①役員の兼任 当社従業員1名が当該子会社の役員を兼任している。 ②営業上の取引 当社は当該子会社に対しクロム系ホットコイル等を販売している。また、当該子会社からニッケル系ステンレス薄板の熱延作業の受託等を行っている。当該子会社は当社に資金の預け入れを行っている。 ③資金援助、設備の賃貸借、業務提携 記載すべき事項はない。
日鉄物流㈱	東京都中央区	百万円 4,000	海上運送、陸上運送、倉庫業	100.0%	①役員の兼任 当社従業員2名が当該子会社の役員を兼任している。 ②営業上の取引 当社は当該子会社に対し製鉄原料、鋼材等の輸送及び荷役を委託している。当該子会社は当社に資金の預け入れを行っている。 ③資金援助、設備の賃貸借、業務提携 当社は当該子会社に対し資金の貸し付けを行っている。
日鉄SGワイヤ㈱	東京都千代田区	百万円 3,634	線材加工製品の製造販売	100.0%	①役員の兼任 当社従業員2名が当該子会社の役員を兼任している。 ②営業上の取引 当社は当該子会社に対し鋼材を販売している。当該子会社は当社に資金の預け入れを行っている。 ③資金援助、設備の賃貸借、業務提携 当社は当該子会社に対し資金の貸し付けを行っている。
ジオスター㈱	東京都文京区	百万円 3,352	土木コンクリート製品・金属製品の製造販売	42.3%（1.6%)	①役員の兼任 当社従業員1名が当該子会社の役員を兼任している。 ②営業上の取引 当社は当該子会社に対し鋼材を販売している。また、当社は当該子会社に対し土木製品の製造を委託している。当該子会社は当社に資金の預け入れを行っている。 ③資金援助、設備の賃貸借、業務提携 記載すべき事項はない。
日鉄溶接工業㈱	東京都江東区	百万円 2,100	溶接材料・溶接機器の製造販売	100.0%	①役員の兼任 当社従業員2名が当該子会社の役員を兼任している。 ②営業上の取引 当社は当該子会社に対し鋼材を販売している。当該子会社は当社に資金の預け入れを行っている。 ③資金援助、設備の賃貸借、業務提携 当社は当該子会社に対し資金の貸し付けを行っている。
日鉄ドラム㈱	東京都江東区	百万円 1,654	ドラム缶の製造販売	100.0%	①役員の兼任 当社従業員2名が当該子会社の役員を兼任している。 ②営業上の取引 当社は当該子会社に対し鋼材を販売している。当該子会社は当社に資金の預け入れを行っている。 ③資金援助、設備の賃貸借、業務提携 記載すべき事項はない。
日鉄セメント㈱	北海道室蘭市	百万円 1,500	セメントの製造販売	85.0%	①役員の兼任 当社従業員3名が当該子会社の役員を兼任している。 ②営業上の取引 当社は当該子会社に対しセメント原料の高炉スラグを販売している。当該子会社は当社に資金の預け入れを行っている。 ③資金援助、設備の賃貸借、業務提携 当社は当該子会社に対し資金の貸し付けを行っている。

会 社 名	住 所	資本金	主要な事業の内容	議決権の所有割合	関 係 内 容
日鉄ファイナンス㈱	東京都千代田区	百万円 1,000	金銭債権の買取等グループファイナンス業務の請負	100.0%	①役員の兼任 　当社従業員3名が当該子会社の役員を兼任している。 ②営業上の取引 　当該子会社は当社に資金の預け入れを行っている。当社はグループファイナンス業務の事務を当該子会社に委託している。 ③資金援助、設備の賃貸借、業務提携 　記載すべき事項はない。
日鉄ステンレス鋼管㈱	東京都千代田区	百万円 916	ステンレス鋼管の製造販売	100.0%	①役員の兼任 　当社従業員2名が当該子会社の役員を兼任している。 ②営業上の取引 　当社は当該子会社に対し鋼材を販売している。当該子会社は当社に資金の預け入れを行っている。 ③資金援助、設備の賃貸借、業務提携 　当社は当該子会社に対し資金の貸し付けを行っている。
日鉄鋼線㈱	岐阜県関市	百万円 697	線材二次加工製品の製造販売	51.0%	①役員の兼任 　当社従業員2名が当該子会社の役員を兼任している。 ②営業上の取引 　当社は当該子会社に対し鋼材を販売している。当該子会社は当社に資金の預け入れを行っている。 ③資金援助、設備の賃貸借、業務提携 　当社は当該子会社に対し資金の貸し付けを行っている。
日鉄環境㈱	東京都港区	百万円 500	水処理設備等の設計施工・運転・維持管理、土木工事の設計施工、環境・化学分析	85.1% (10.1%)	①役員の兼任 　当社従業員2名が当該子会社の役員を兼任している。 ②営業上の取引 　当社は当該子会社に対し鉄鋼製品の製造に関連する工事・整備・操業を委託している。当該子会社は当社に資金の預け入れを行っている。 ③資金援助、設備の賃貸借、業務提携 　当社は当該子会社に対し資金の貸し付けを行っている。
日鉄ボルテン㈱	大阪府大阪市	百万円 498	ハイテンションボルト等の製造販売	85.0%	①役員の兼任 　当社従業員2名が当該子会社の役員を兼任している。 ②営業上の取引 　当社は当該子会社に対し鋼材を販売している。当該子会社は当社に資金の預け入れを行っている。 ③資金援助、設備の賃貸借、業務提携 　当社は当該子会社に対し資金の貸し付けを行っている。
日鉄スチール㈱	和歌山県和歌山市	百万円 400	H形鋼の製造販売	100.0%	①役員の兼任 　当社従業員3名が当該子会社の役員を兼任している。 ②営業上の取引 　当該子会社は当社に資金の預け入れを行っている。 ③資金援助、設備の賃貸借、業務提携 　記載すべき事項はない。
日鉄高炉セメント㈱	福岡県北九州市	百万円 100	セメント・鉄鋼スラグ製品・生石灰製品の製造販売	100.0%	①役員の兼任 　当社従業員2名が当該子会社の役員を兼任している。 ②営業上の取引 　当社は当該子会社に対しスラグ破砕粉製造を委託するとともに、製造後のスラグ破砕粉を当該子会社に販売している。当該子会社は当社に資金の預け入れを行っている。 ③資金援助、設備の賃貸借、業務提携 　当社は当該子会社に対し資金の貸し付けを行っている。

会社名	住所	資本金	主要な事業の内容	議決権の所有割合	関係内容
G Steel Public Company Limited	タイ国ラヨン県	百万バーツ 144,644	熱延製品の製造販売	60.2% (50.0%)	①役員の兼任 当社従業員3名が当該子会社の役員を兼任している。 ②営業上の取引 記載すべき事項はない。 ③資金援助、設備の賃貸借、業務提携 記載すべき事項はない。
G J Steel Public Company Limited	タイ国チョンブリー県	百万バーツ 24,468	熱延製品の製造販売	57.6% (49.9%)	①役員の兼任 当社従業員3名が当該子会社の役員を兼任している。 ②営業上の取引 記載すべき事項はない。 ③資金援助、設備の賃貸借、業務提携 記載すべき事項はない。
NS-Siam United Steel Co.,Ltd.	タイ国ラヨン県	百万バーツ 13,007	冷延鋼板・溶融亜鉛めっき鋼板の製造販売	94.9%	①役員の兼任 当社従業員2名が当該子会社の役員を兼任している。 ②営業上の取引 当社は当該子会社に対し鋼材を販売している。 ③資金援助、設備の賃貸借、業務提携 記載すべき事項はない。
NIPPON STEEL PIPE (THAILAND) CO., LTD.	タイ国チョンブリー県	百万バーツ 8,336	鋼管の製造販売	100.0% (100.0%)	①役員の兼任 当社従業員2名が当該子会社の役員を兼任している。 ②営業上の取引 当社は当該子会社に対し鋼材を販売している。 ③資金援助、設備の賃貸借、業務提携 記載すべき事項はない。
PT KRAKATAU NIPPON STEEL SYNERGY	インドネシア国チレゴン市	百万米ドル 186	冷延鋼板・溶融亜鉛めっき鋼板の製造販売	80.0%	①役員の兼任 当社従業員2名が当該子会社の役員を兼任している。 ②営業上の取引 当社は当該子会社に対し鋼材を販売している。 ③資金援助、設備の賃貸借、業務提携 当社は当該子会社に債務保証を行っている。
NIPPON STEEL NORTH AMERICA, INC.	米国テキサス州	百万米ドル 86	米国を中心とした北米地域における事業会社への投融資及び情報収集	100.0%	①役員の兼任 当社従業員1名が当該子会社の役員を兼任している。 ②営業上の取引 当社は当該子会社に対し情報収集等を委託している。 当該子会社は当社に資金の貸し付けを行っている。 ③資金援助、設備の賃貸借、業務提携 記載すべき事項はない。
WHEELING-NIPPON STEEL, INC.	米国ウエストバージニア州	百万米ドル 71	溶融めっき鋼板の製造販売	100.0% (100.0%)	①役員の兼任 当社従業員3名が当該子会社の役員を兼任している。 ②営業上の取引 記載すべき事項はない。 ③資金援助、設備の賃貸借、業務提携 記載すべき事項はない。
Standard Steel, LLC	米国ペンシルベニア州	百万米ドル 47	鉄道用車輪・車軸の製造販売	100.0% (100.0%)	①役員の兼任 記載すべき事項はない。 ②営業上の取引 記載すべき事項はない。 ③資金援助、設備の賃貸借、業務提携 記載すべき事項はない。
PT PELAT TIMAH NUSANTARA TBK.	インドネシア国ジャカルタ市	百万米ドル 26	ブリキの製造販売	35.0%	①役員の兼任 当社従業員1名が当該子会社の役員を兼任している。 ②営業上の取引 当社は当該子会社に対し鋼材を販売している。 ③資金援助、設備の賃貸借、業務提携 記載すべき事項はない。

会 社 名	住 所	資本金	主要な事業の内容	議決権の所有割合	関 係 内 容
NIPPON STEEL SOUTHEAST ASIA CO., LTD.	タイ国バンコク都	百万バーツ 827	タイ国を中心としたアジア地域における情報収集	100.0%	①役員の兼任 　当社従業員1名が当該子会社の役員を兼任している。 ②営業上の取引 　当社は当該子会社に対し情報収集等を委託している。 ③資金援助、設備の賃貸借、業務提携 　記載すべき事項はない。
NIPPON STEEL AUSTRALIA PTY. LIMITED	豪州ニューサウスウェールズ州	百万豪ドル 21	豪州における鉱山事業への参画及び情報収集	100.0%	①役員の兼任 　当社従業員3名が当該子会社の役員を兼任している。 ②営業上の取引 　当社は当該子会社に対し情報収集等を委託している。 ③資金援助、設備の賃貸借、業務提携 　記載すべき事項はない。
NIPPON STEEL Steel Processing (Thailand) Co., Ltd.	タイ国ラヨン県	百万バーツ 571	冷間圧造用鋼線・磨棒鋼の製造販売	66.5% (7.6%)	①役員の兼任 　当社従業員1名が当該子会社の役員を兼任している。 ②営業上の取引 　当社は当該子会社に対し鋼材を販売している。 ③資金援助、設備の賃貸借、業務提携 　記載すべき事項はない。
NIPPON STEEL PIPE AMERICA, INC.	米国インディアナ州	百万米ドル 10	鋼管の製造販売	80.0% (80.0%)	①役員の兼任 　当社従業員2名が当該子会社の役員を兼任している。 ②営業上の取引 　当社は当該子会社に対し鋼材を販売している。 ③資金援助、設備の賃貸借、業務提携 　記載すべき事項はない。
Ovako AB	スウェーデン国ストックホルム市	千ユーロ 60	特殊鋼及び二次加工製品の製造販売	100.0% (100.0%)	①役員の兼任 　記載すべき事項はない。 ②営業上の取引 　記載すべき事項はない。 ③資金援助、設備の賃貸借、業務提携 　記載すべき事項はない。

[製鉄事業／主要な持分法適用会社]

会社名	住所	資本金	主要な事業の内容	議決権の所有割合	関係内容
合同製鐵㈱	大阪府大阪市	百万円 34,896	形鋼・軌条・棒鋼・鋼片・線材製品の製造販売	17.8% (0.2%)	①役員の兼任 当社従業員1名が当該関連会社の役員を兼任している。 ②営業上の取引 当社と当該関連会社との間で、鋼片を相互に販売し、鋼材の生産を相互に受委託している。 ③資金援助、設備の賃貸借、業務提携 記載すべき事項はない。
トピー工業㈱	東京都品川区	百万円 20,983	形鋼・棒鋼・自動車産業機械部品の製造販売	21.4% (0.3%)	①役員の兼任 記載すべき事項はない。 ②営業上の取引 当社は当該関連会社に、鋼片を販売し、鋼材の生産委託及び販売をしている。 ③資金援助、設備の賃貸借、業務提携 業務提携を実施していくことを両社で合意のうえ、具体策を検討し、実施している。
共英製鋼㈱	大阪府大阪市	百万円 18,515	棒鋼・形鋼・鋼片の製造販売及び鋼材の加工販売	26.7%	①役員の兼任 当社従業員1名が当該関連会社の役員を兼任している。 ②営業上の取引 記載すべき事項はない。 ③資金援助、設備の賃貸借、業務提携 記載すべき事項はない。
日鉄物産㈱	東京都中央区	百万円 16,389	鉄鋼・産機・インフラ、繊維・食糧その他の商品の販売及び輸出入業	35.2% (0.5%)	①役員の兼任 当社従業員1名が当該関連会社の役員を兼任している。 ②営業上の取引 当社は当該関連会社に対し鋼材製品等を販売し、当該関連会社より機械製品及び鉄鋼原料等を購入している。 ③資金援助、設備の賃貸借、業務提携 記載すべき事項はない。
新日本電工㈱	東京都中央区	百万円 11,084	合金鉄・機能材料の製造販売、環境事業、電力事業	21.8% (0.1%)	①役員の兼任 当社従業員1名が当該関連会社の役員を兼任している。 ②営業上の取引 当社は当該関連会社よりマンガン系合金鉄等を購入している。 ③資金援助、設備の賃貸借、業務提携 業務提携関係にあり、具体策を検討し、実施している。
日亜鋼業㈱	兵庫県尼崎市	百万円 10,720	線材製品・ボルトの製造販売	24.2%	①役員の兼任 当社従業員1名が当該関連会社の役員を兼任している。 ②営業上の取引 当社は当該関連会社に対し鋼材を販売している。 ③資金援助、設備の賃貸借、業務提携 記載すべき事項はない。
NSユナイテッド海運㈱	東京都千代田区	百万円 10,300	海運業	33.4%	①役員の兼任 当社従業員1名が当該関連会社の役員を兼任している。 ②営業上の取引 当社は当該関連会社に対し製鉄原料等の輸送を委託している。 ③資金援助、設備の賃貸借、業務提携 記載すべき事項はない。

会 社 名	住 所	資本金	主要な事業の内容	議決権の所有割合	関 係 内 容
日本コークス工業㈱	東京都江東区	百万円 7,000	コークスの製造販売、石炭の販売	22.6%	①役員の兼任 当社従業員1名が当該関連会社の役員を兼任している。 ②営業上の取引 当社は当該関連会社よりコークス等を購入している。 ③資金援助、設備の賃貸借、業務提携 業務提携を実施していくことを両社で合意のうえ、具体策を検討し、実施している。
三晃金属工業㈱	東京都港区	百万円 1,980	金属屋根・建築材料等の製造・加工・施工・販売	32.7% (0.3%)	①役員の兼任 当社従業員2名が当該関連会社の役員を兼任している。 ②営業上の取引 当社子会社が当該関連会社に対し鋼材を販売している。 ③資金援助、設備の賃貸借、業務提携 記載すべき事項はない。
㈱サンユウ	大阪府枚方市	百万円 1,513	磨棒鋼・冷間圧造用鋼線の製造販売	34.5% (0.8%)	①役員の兼任 当社従業員1名が当該関連会社の役員を兼任している。 ②営業上の取引 当社は当該関連会社に対し鋼材を販売している。 ③資金援助、設備の賃貸借、業務提携 記載すべき事項はない。
ＮＳ建材薄板㈱	東京都中央区	百万円 1,300	鉄鋼製品・鉄鋼加工製品・建材商品の販売	34.0%	①役員の兼任 当社従業員1名が当該関連会社の役員を兼任している。 ②営業上の取引 当社は当該関連会社に対し鋼材製品を販売している。 ③資金援助、設備の賃貸借、業務提携 当社は当該関連会社に債務保証を行っている。
Usinas Siderúrgicas de Minas Gerais S.A.-USIMINAS	ブラジル国ミナスジェライス州	百万レアル 13,200	鉄鋼製品の製造販売	31.4%	①役員の兼任 当社従業員2名が当該関連会社の役員を兼任している。 ②営業上の取引 記載すべき事項はない。 ③資金援助、設備の賃貸借、業務提携 記載すべき事項はない。
宝鋼日鉄自動車鋼板有限公司	中国上海市	百万元 3,000	自動車用鋼板の製造販売	50.0%	①役員の兼任 当社役員2名及び当社従業員2名が当該関連会社の役員を兼任している。 ②営業上の取引 当社は当該関連会社に対し鋼材を販売している。 ③資金援助、設備の賃貸借、業務提携 記載すべき事項はない。
武鋼日鉄(武漢)ブリキ有限公司	中国湖北省	百万元 2,310	ブリキ・ブリキ原板等の製造販売	50.0%	①役員の兼任 当社役員1名及び当社従業員4名が当該関連会社の役員を兼任している。 ②営業上の取引 記載すべき事項はない。 ③資金援助、設備の賃貸借、業務提携 当社は当該関連会社に債務保証を行っている。
AMNS Luxembourg Holding S.A.	ルクセンブルク国ルクセンブルク市	百万米ドル 230	ArcelorMittal Nippon Steel India Limitedの持株会社	40.0%	①役員の兼任 当社従業員2名が当該関連会社の役員を兼任している。 ②営業上の取引 記載すべき事項はない。 ③資金援助、設備の賃貸借、業務提携 当社は当該関連会社に債務保証を行っている。

会社名	住所	資本金	主要な事業の内容	議決権の所有割合	関係内容
Jamshedpur Continuous Annealing & Processing Company Pvt. Ltd.	インド共和国西ベンガル州	百万インドルピー 14,320	自動車用冷延鋼板の製造販売	49.0%	①役員の兼任 当社従業員2名が当該関連会社の役員を兼任している。 ②営業上の取引 記載すべき事項はない。 ③資金援助、設備の賃貸借、業務提携 記載すべき事項はない。
Companhia Nipo-Brasileira De Pelotizacao	ブラジル国エスピリトサント州	百万レアル 690	ペレットの製造設備の保有・リース	33.0% (0.0%)	①役員の兼任 当社従業員2名が当該関連会社の役員を兼任している。 ②営業上の取引 記載すべき事項はない。 ③資金援助、設備の賃貸借、業務提携 記載すべき事項はない。
UNIGAL Ltda.	ブラジル国ミナスジェライス州	百万レアル 584	溶融亜鉛めっき鋼板の製造	30.0% (0.8%)	①役員の兼任 当社従業員2名が当該関連会社の役員を兼任している。 ②営業上の取引 記載すべき事項はない。 ③資金援助、設備の賃貸借、業務提携 記載すべき事項はない。
Al Ghurair Iron & Steel LLC	アラブ首長国連邦アブダビ首長国	百万ディルハム 165	溶融亜鉛めっき鋼板の製造販売	20.0%	①役員の兼任 当社従業員1名が当該関連会社の役員を兼任している。 ②営業上の取引 当社は当該関連会社に対し鋼材を販売している。 ③資金援助、設備の賃貸借、業務提携 記載すべき事項はない。

[エンジニアリング事業／主要な連結子会社]

会社名	住所	資本金	主要な事業の内容	議決権の所有割合	関係内容
日鉄エンジニアリング㈱	東京都品川区	百万円 15,000	産業機械・装置、鋼構造物等の製造販売、建設工事の請負、廃棄物処理・再生処理事業、電気・ガス・熱等供給事業	100.0%	①役員の兼任 当社従業員1名が当該子会社の役員を兼任している。 ②営業上の取引 当社は当該子会社に鋼材を販売し、当該子会社から製鉄プラント等を購入している。 ③資金援助、設備の賃貸借、業務提携 記載すべき事項はない。

[ケミカル＆マテリアル事業 / 主要な連結子会社]

会 社 名	住 所	資本金	主要な事業の内容	議決権の所有割合	関 係 内 容
日鉄ケミカル＆マテリアル㈱	東京都中央区	百万円 5,000	石炭化学製品・石油化学製品・電子材料、半導体・電子部品用材料・部材、炭素繊維・複合材、金属加工品の製造販売	100.0%	①役員の兼任 　当社従業員1名が当該子会社の役員を兼任している。 ②営業上の取引 　当社は当該子会社に対しコールタール、粗製軽油、未洗浄ＣＯＧ等を売却し、当該子会社から燃料ガス等を購入している。 ③資金援助、設備の賃貸借、業務提携 　当社は当該子会社に工場用地の一部を賃貸している。

[システムソリューション事業 / 主要な連結子会社]

会 社 名	住 所	資本金	主要な事業の内容	議決権の所有割合	関 係 内 容
日鉄ソリューションズ㈱	東京都港区	百万円 12,952	コンピュータシステムに関するエンジニアリング・コンサルティング、ITを用いたアウトソーシングサービスその他の各種サービス	63.4%	①役員の兼任 　当社従業員1名が当該子会社の役員を兼任している。 ②営業上の取引 　当社は当該子会社に対しコンピュータシステムの開発、維持、運用等を委託している。 ③資金援助、設備の賃貸借、業務提携 　記載すべき事項はない。

(注) 1　山陽特殊製鋼（株），大阪製鐵（株），黒崎播磨（株），ジオスター（株），合同製鐵（株），トピー工業（株），共英製鋼（株），日鉄物産（株），新日本電工（株），日亜鋼業（株），ＮＳユナイテッド海運（株），日本コークス工業（株），三晃金属工業（株），（株）サンユウ及び日鉄ソリューションズ（株）は，有価証券報告書を提出している。

2　山陽特殊製鋼（株），G Steel Public Company Limited 及び GJ Steel Public Company Limited は，特定子会社である。

3　黒崎播磨（株），ジオスター（株）及び PT PELAT TIMAH NUSANTARA TBK.（当社は同社株主である三井物産（株），（株）メタルワン及び日鉄物産（株）との間でコンソーシアム契約を締結しており，4社合計で同社株式55％を保有している。当社はそのコンソーシアム内で過半数となる35％を保有している。）は，持分は100分の50以下であるが，実質的に支配しているものと判断し，子会社として連結している。

4　合同製鐵（株）は，持分は100分の20未満であるが，実質的に重要な影響力を有しているものと判断し，関連会社として持分法を適用している。

5　議決権の所有割合の（　）内は，間接所有割合で内数である。

6　上記関係内容に記載の「②営業上の取引」には，商社経由の取引が含まれている。

7　日鉄物産（株）は，当社が実施した金融商品取引法に基づく公開買付けにより，2023年4月14日付で持分法適用関連会社から子会社となっている。

5　従業員の状況

（1）　連結会社（当社及び連結子会社）の状況 ・・・・・・・・・・・・・・・・・・・・・・・・・・・・・・・・・・・・・・

（2023年3月31日現在）

セグメントの名称	従業員数(人)
製鉄	90,216 [14,126]
エンジニアリング	4,923 [1,113]
ケミカル&マテリアル	3,414 [626]
システムソリューション	7,515 [57]
合計	106,068 [15,922]

（注）1　従業員数は就業人員数（連結会社から連結会社以外への出向者を除き，連結会社以外から連結会社
　　　　への出向者を含む。）であり，嘱託・臨時従業員を含まない。

　　　2　臨時従業員数は，[　]内に当連結会計年度の平均人員を外数で記載している。

（2）　提出会社の状況 ・・・

（2023年3月31日現在）

従業員数(人)	平均年齢(歳)	平均勤続年数(年)	平均年間給与(円)
28,331 [1,791]	39.3	17.2	8,248,093

セグメントの名称	従業員数（人）
製鉄	28,331 [1,791]
合計	28,331 [1,791]

（注）1　従業員数は就業人員数（他社への出向者を除き，他社からの出向者を含む。）であり，嘱託・臨時従
　　　　業員を含まない。

　　　2　臨時従業員数は，[　]内に当事業年度の平均人員を外数で記載している。

　　　3　平均年間給与は，賞与及び基準外賃金を含む。なお，当期より役職者を含めて算出している。

　　　4　臨時従業員数が当事業年度末までの1年間において857人減少しているが，その主な理由は再雇用
　　　　者の減少によるものである。

（3）　労働組合の状況 ・・・

　提出会社の労働組合である日本製鉄労働組合連合会のほか，複数の連結子会
社で労働組合が組織されています。2023年3月31日現在の組合員数は70,028
名です。

　なお，労使関係について特に記載すべき事項はありません。

1 経営方針，経営環境及び対処すべき課題等 ·····························

（経営方針）

　日本製鉄グループは，常に世界最高の技術とものづくりの力を追求し，優れた製品・サービスの提供を通じて，社会の発展に貢献することを企業理念に掲げて事業を行っています。

＜日本製鉄グループ企業理念＞

　基本理念日本製鉄グループは，常に世界最高の技術とものづくりの力を追求し，優れた製品・サービスの提供を通じて，社会の発展に貢献します。

経営理念

　1. 信用・信頼を大切にするグループであり続けます。

　2. 社会に役立つ製品・サービスを提供し，お客様とともに発展します。

　3. 常に世界最高の技術とものづくりの力を追求します。

　4. 変化を先取りし，自らの変革に努め，さらなる進歩を目指して挑戦します。

　5. 人を育て活かし，活力溢れるグループを築きます。

（経営環境）

　中長期的な環境変化については，次のとおり想定しています。

　世界の鉄鋼需要については，インドも含めたアジア地域を中心に確実な成長が見込まれます。また，カーボンニュートラルに向けた新規ニーズを含め高級鋼の需要は拡大が見込まれます。一方で，国内の鉄鋼需要については，人口減少・高齢化や需要家の海外現地生産拡大等に伴い引き続き減少していくことが想定されます。また，製造業における地産地消・自国産化の傾向が，グローバルに繋がっていた市場の分断を進展させると考えられます。さらに，世界の鉄鋼生産量の5割強を占める中国における需要の頭打ち等により，海外市場における競争が一層激化することが想定されます。

　世界的に気候変動に関する問題意識が高まるなか，カーボンニュートラルの実現は官民を挙げた総力戦となり，他国に先駆けたカーボンニュートラルスチール

---

point 従業員の状況

　　主力セグメントや，これまで会社を支えてきたセグメントの人数が多い傾向があるのは当然のことだろう。上場している大企業であれば平均年齢は40歳前後だ。また労働組合の状況にページが割かれている場合がある。その情報を載せている背景として，労働組合の力が強く，人数を削減しにくい企業体質だということを意味している。

の製造技術の確立が，今後の鉄鋼業界における競争力，収益力，ブランド力を決める鍵となると考えています。

2023年度においては，世界の鉄鋼需要に好転が見込めない状況です。中国は不動産市況の低迷が継続し，内需の回復も見通せておらず，欧米においても先行きの不透明感が払拭できていません。また，製品価格が低迷するなか，原料価格は依然として高水準で推移すると想定され，海外一般市況分野におけるスプレッド（原料と鋼材の市況価格差）の改善も見込めない状況です。

（経営戦略，優先的に対処すべき事業上及び財務上の課題）

当社グループは，製鉄事業を中核として，鉄づくりを通じて培った技術をもとに，エンジニアリング，ケミカル＆マテリアル，システムソリューションの4つのセグメントで事業を推進しています。製鉄セグメントは，当社グループの連結売上収益の約9割を占めています。

当社は，2020年度に断行した抜本的コスト改善による損益分岐点の大幅な引下げに加え，紐付価格の是正，一貫能力絞込みによる注文選択の効果，海外グループ会社の収益力の向上等により，外部環境に関わらず高水準の事業利益を確保し得る収益構造の構築に取り組んできました。2023年度においては，前述の事業環境のもと，従来の収益構造対策等に加え，将来ビジョンである1兆円の利益水準に向けて，さらに厚みを持った新たな事業構造への進化を図り，外部環境に関わらず，さらなる高収益を計上できる基盤の構築を目指していきます。

2021年3月に策定した「日本製鉄グループ中長期経営計画」の概要と進捗は次のとおりです。

＜日本製鉄グループ中長期経営計画（2021年3月5日公表）の概要と進捗＞

当社は，「総合力世界No.1の鉄鋼メーカー」を目指し，日本製鉄グループ中長期経営計画を定め，その4つの柱である「国内製鉄事業の再構築とグループ経営の強化」，「海外事業の深化・拡充に向けた，グローバル戦略の推進」，「カーボンニュートラルへの挑戦」及び「デジタルトランスフォーメーション戦略の推進」の実現に向け，諸施策に着実に取り組んでいます。

(point) **業績等の概要**

この項目では今期の売上や営業利益などの業績がどうだったのか，収益が伸びたあるいは減少した理由は何か，そして伸ばすためにどんなことを行ったかということがセグメントごとに分かる。現在，会社がどのようなビジネスを行っているのか最も分かりやすい箇所だと言える。

1. 国内製鉄事業の再構築とグループ経営の強化 ……………………………

　「戦略商品への積極投資による注文構成の高度化」，「技術力を確実に収益に結びつけるための設備新鋭化」，「商品と設備の取捨選択による生産体制のスリム化・効率化」を基本方針として，国内製鉄事業の最適生産体制を構築するとともに，競合他社を凌駕するコスト競争力の再構築と適正マージンの確保による収益基盤の強化を推進しています。

　短期的な環境好転如何によらず，生産設備構造対策を着実に推進し，さらに強固な収益基盤を確立することを目指し，当期においては，関西製鉄所和歌山地区の第3鋳造機の一部設備，瀬戸内製鉄所阪神地区（堺）の第1溶融亜鉛・アルミめっきライン，東日本製鉄所鹿島地区の第1酸洗ライン等を休止するなど，競争力のあるラインへ生産を集約しました。また，2012年の経営統合後のピークに比べ，単独粗鋼生産量が3割減少するなかで，限界利益の単価改善と固定費の大幅削減により損益分岐点を抜本的に改善することで，数量に頼らない収益構造の構築に取り組んできました。具体的には，生産能力削減に伴い商品を取捨選択することで「注文構成の高度化」を行うとともに，電磁鋼板・超ハイテン等高付加価値商品の需要拡大に対応した能力増強対策も実施してきました。また，紐付き価格交渉方式を見直し，適正化を図ることにより「紐付きマージンの改善」も実現しています。さらに，持分法適用関連会社であった日鉄物産（株）の子会社化・非公開会社化により，鉄鋼製造サプライチェーンの下流にあたる流通分野へ事業領域を拡大することを決定しました。今後は，商社機能のグループでの効率化・強化，営業ノウハウ・インフラを一体活用した直接営業力強化，サプライチェーンのさらなる高度化等，新たなビジネスモデルの構築に取り組んでいく方針です。

2. 海外事業の深化・拡充に向けた，グローバル戦略の推進 ……………………

　世界の鋼材消費は，2025年さらに2030年に向けて引き続き緩やかな成長が見込まれています。当社は，規模及び成長率が世界的に見ても大きいアジアを中心に事業を展開しており，マーケットの規模や成長を当社の利益成長につなげ得るポジションにあります。

　このような環境のもと，需要の伸びが確実に期待できる地域において，当社の

技術力・商品力を活かせる分野で，需要地での一貫生産体制を拡大し，現地需要を確実に捕捉することで，日本製鉄グループとして，「グローバル粗鋼1億トン体制」を目指しています。

　不採算事業からの撤退を完了し，付加価値の高い一貫製鉄事業に注力するなど，「選択と集中」を図ることにより，収益力向上・拡大を目指してきました。当期は，インドのArcelor Mittal Nippon Steel India Limitedにおいて，高炉2基新設をはじめとする一貫能力増強投資及び港湾・電力等のインフラ会社・重要資産買収の決定や，下工程拠点の買収，新たな一貫製鉄所建設に向けた検討開始等，積極的な施策を展開してきました。在庫評価差等の一過性の影響等により当期は対前年度減益となったものの，今後も主要な海外市場における一貫生産体制拡大による収益力の向上を目指していきます。

3. カーボンニュートラルへの挑戦 ·····························

　脱炭素社会に向けた取組みにおいて欧米・中国・韓国との開発競争に打ち勝ち，引き続き世界の鉄鋼業をリードするべく，「日本製鉄カーボンニュートラルビジョン2050」を掲げ，経営の最重要課題として諸対策を検討・実行しています。

　カーボンニュートラル化を通じて当社が提供する2つの価値として「社会におけるCO2排出量削減に寄与する高機能製品・ソリューション技術〜『NSCarbolex® Solution』」と「鉄鋼製造プロセスにおけるCO2排出量を削減したと認定される鉄鋼製品〜『NSCarbolex® Neutral』」をブランド化し，カーボンニュートラル社会実現とお客様の競争力向上に貢献することを発表しました。また，エコカー駆動モーター等の効率化に貢献する無方向性電磁鋼板の能力・品質向上のための投資等に向け，グリーンボンドによる資金調達を行うことを決定し，2023年3月に発行しました。電気エネルギーのロスを削減する高効率の電磁鋼板の供給拡大を通じて，当社はお客様の最終商品でのCO2削減に貢献していきます。当社は，鉄鋼プロセスの脱炭素化に向けて「高炉水素還元」，「大型電炉での高級鋼製造」及び「水素による還元鉄製造」という3つの超革新技術を開発し，一部残るCO2についてはCCUS（※）でオフセットするという複線的なアプローチで，2030年までにCO2総排出量を30％削減し，2050年にカーボンニュート

ラルを目指しています。このうち「高炉水素還元」について，当社は，世界初となる4,500㎥の大型高炉実機での高炉水素還元実証試験を開始することを決定し，2023年2月に公表しました。今後，本格的吹き込み試験（グリーンイノベーション基金事業）に向け，東日本製鉄所君津地区における水素系ガス吹込実証設備の導入を進めていきます。

(※)　Carbon Capture, Utilization and Storage：CO2を分離・回収し，直接ないし他の物質に変換して利活用する，あるいはCO2を地中に埋めて貯留する技術。

4. デジタルトランスフォーメーション戦略の推進 ································

　5年間で1,000億円以上を投入し，鉄鋼業におけるデジタル先進企業を目指しています。

　データとデジタル技術を駆使した業務・生産プロセス改革を進めてきました。具体的な取組みとしては，無線IoTセンサ活用プラットフォームである「NS-IoT」の適用を拡大することで，多拠点のデータを集約し，さらなる高度な分析・監視の実現を目指しています。東日本製鉄所君津地区及び鹿島地区においては，設備の早期異常検知を目的とした実運用を2022年4月より開始しており，今後も一層の適用拡大に向け，北日本製鉄所室蘭地区・名古屋製鉄所・関西製鉄所和歌山地区・九州製鉄所八幡地区及び大分地区での2023年度稼働開始を目指し，計画を前倒しする投資を決定しました。

（経営上の目標の達成状況を判断するための客観的な指標等）

　「日本製鉄グループ中長期経営計画」の収益・財務体質目標等については，本報告書「第一部企業情報第2　事業の状況　4　経営者による財政状態，経営成績及びキャッシュ・フローの状況の分析」に記載しています。

(注)　上記（経営環境）と（経営戦略，優先的に対処すべき事業上及び財務上の課題）の記載には，2023年5月10日決算発表時点の将来に関する前提・見通し・計画に基づく予測や目標が含まれている。これらはその発表又は公表の時点において当社が適切と考える情報や分析，一定の前提等に基づき策定したものであり，かかる見積りに固有の限界があることに加え，実際の業績は，今後様々な要因によって大きく異なる結果となる可能性がある。かかる要因については，後記「3　事業等のリスク」を参照されたい。

2　サステナビリティに関する考え方及び取組

　当社グループのサステナビリティに関する考え方及び取組みは，次の通りです。なお，文中の将来に関する事項は，当連結会計年度末現在において当社が判断したものです。

（1）　サステナビリティ全般に関するガバナンス及びリスク管理 ・・・・・・・・・・・・・・・・・・

　当社は，日本製鉄グループ企業理念において「常に世界最高の技術とものづくりの力を追求し，優れた製品・サービスの提供を通じて，社会の発展に貢献」する旨を定めており，サステナビリティ課題への対応が当社グループの存立・成長を支える基盤であると認識しています。

　当社は，このような認識のもと，取締役会において，安全衛生，環境（気候変動対策を含む），防災，品質，ダイバーシティ＆インクルージョンや人材育成等，サステナビリティ課題におけるマテリアリティ（重要課題）を定め，それぞれの主管部門が中心となって取組みを推進しています。リスク及び機会を含めたこれらの取組み状況については，目的・分野別に副社長を委員長とする全社委員会等で審議した後，経営会議・取締役会に報告されています。また，各分野のリスク管理に関する事項等を含む内部統制全般については，内部統制担当の副社長を委員長とし，四半期毎に開催する「リスクマネジメント委員会」において，取組み状況を審議・確認し，重要事項については経営会議・取締役会に報告されています。当社の取締役会は，これらの仕組みを通じて，経営上の重要なリスク管理の監督を行っています。なお，当社のガバナンスの仕組みについては，「第4　提出会社の状況　4　コーポレート・ガバナンスの状況等」において記載しています。

（2）　気候変動対策に関するガバナンス，リスク管理，戦略，指標及び目標 ・・・・・・

　当社は，気候変動対策を経営の最重要課題と位置付け，当社独自の取組みとして「日本製鉄カーボンニュートラルビジョン2050」を公表し，2050年カーボンニュートラルの実現に向けてチャレンジしています。当社グループのCO_2排出量は当社が9割以上を占めることに加え，グループ各社の事業特性により気候変動対策は異なることから，以降は当社の取組みについて記載します。

① **ガバナンス及びリスク管理**

　当社は，気候変動対策について，全社委員会として設置したグリーン・トランスフォーメーション推進委員会及び環境政策企画委員会で報告・審議を行っています。グリーン・トランスフォーメーション推進委員会では主にカーボンニュートラル推進に係る重要な諸案件を，環境政策企画委員会では環境政策全般に係る事項や気候変動対策の実績評価等を主な議題としており，リスクの認識，諸施策の進捗確認，方針決定等を行っています。各委員会は，各委員会が主管する事項を担当する副社長が委員長を務め，少なくともそれぞれ年2回以上開催されています。それぞれの委員会における審議内容のうち，重要な事項については，経営会議・取締役会に報告されています。取締役会は，定期的に報告を受けることにより経営上の重要なリスク管理の監督を行っています。

② **戦略，指標及び目標**

　当社は，2050年カーボンニュートラル社会実現に向け，2021年3月に「日本製鉄カーボンニュートラルビジョン2050」を公表しました。当社は，2050年カーボンニュートラルの実現にチャレンジし，「社会全体のCO2排出量削減に寄与する高機能鋼材とソリューションの提供」及び「鉄鋼製造プロセスの脱炭素化によるカーボンニュートラルスチールの提供」という2つの価値を提供することで，サプライチェーンでのCO2削減の実現を目指します。

NIPPON STEEL

2050年カーボンニュートラル社会実現という野心的な政府方針に賛同し，
2021年3月の中長期経営計画のなかで「カーボンニュートラルビジョン2050」を公表

カーボンニュートラル化を通じて2つの価値を提供

 社会全体のCO₂排出量削減に寄与する高機能鋼材とソリューションの提供

 鉄鋼製造プロセスの脱炭素化カーボンニュートラルスチールの提供

お客様における生産・加工時のCO₂削減　　最終消費者における使用時のCO₂削減　　お客様のサプライチェーンでのCO₂削減

高機能鋼材とソリューションを提供し，他国に先駆けて
鉄鋼製造プロセスを脱炭素化しカーボンニュートラルスチールを提供することと合わせて
お客様の国際競争力を支えていきます。

 NIPPON STEEL Green Transformation initiative

NET ZERO

(point) **生産及び販売の状況**

　生産高よりも販売高の金額の方が大きい場合は，作った分よりも売れていることを意味するので，景気が良い，あるいは会社のビジネスがうまくいっていると言えるケースが多い。逆に販売額の方が小さい場合は製品が売れなく，在庫が増えて景気が悪くなっていると言える場合がある。

当社は，2050年カーボンニュートラルの達成に向けて，2030年にCO_2排出量を2013年比30％削減する目標を掲げています。これについては，大型電炉での高級鋼製造，高炉水素還元（COURSE50），既存プロセスの低CO_2化，効率生産体制構築等により実現を目指しています。

2050年に向けては，電炉による高級鋼の量産製造，Super COURSE50等の高炉水素還元法の開発を通じたCO_2排出の抜本的削減，水素による還元鉄製造等の超革新的技術にチャレンジし，CCUS等によるカーボンオフセット対策等も含めた複線的なアプローチでカーボンニュートラルを目指します。

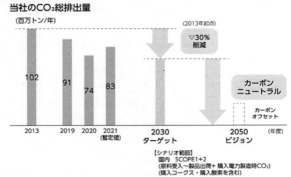

当社のCO_2総排出量

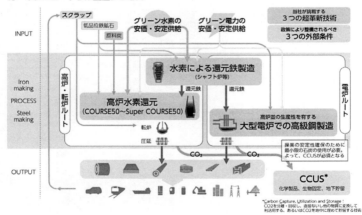

カーボンニュートラル生産プロセス

なお，CO2排出量の前期の確定値及び当期の暫定値については，2023年9月頃発行予定のサステナビリティレポートで開示する予定としています（https://www.nipponsteel.com/csr/report/）。

　これらの取組みを通じて，当社が提供する「社会全体のCO2排出量削減に貢献する製品・ソリューション技術」を総称するブランドとしてNSCarbolex®を立ち上げました。NSCarbolex®は，当社が提供する2つの価値を表すNSCarbolex® NeutralとNSCarbolex® Solutionの2つのブランドにより構成されます。

　「NSCarbolex® Neutral」は，当社が実際に削減したCO2排出量をプロジェクト毎に把握し，マスバランス方式を活用して任意の製品に割り当てた鉄鋼製品で，この排出削減量，任意の製品への割当量は，ともに第三者機関の保証を受けたものです。社会における脱炭素ニーズが急速に高まるなか，いち早く脱炭素化に取り組むことは，お客様の競争力を高めることに繋がるものと考えています。当社は，NSCarbolex® Neutralの安定的な供給体制を早期に構築することで，お客様の脱炭素化に貢献していきます。

　また，「NSCarbolex® Solution」は，社会におけるCO2排出量削減に寄与する高機能製品・ソリューション技術です。自動車の製造時・走行時のCO2排出量削減に寄与する「NSafe®-AutoConcept」，モーターの高効率化や送配電網におけるエネルギーロス削減に寄与する「高効率電磁鋼板」，建設現場の生産性向上等に寄与する建材ソリューションブランド「ProStruct®」，水素社会の実現に寄与する高圧水素用ステンレス鋼「HRX19®」などの高機能製品・ソリューション技術を通して，社会の様々な場面においてCO2排出量の削減に貢献していきます。

 対処すべき課題

　有報のなかで最も重要であり注目すべき項目。今，事業のなかで何かしら問題があればそれに対してどんな対策があるのか，上手くいっている部分をどう伸ばしていくのかなどの重要なヒントを得ることができる。また今後の成長に向けた技術開発の方向性や，新規事業の戦略ついての理解を深めることができる。

(3) 人的資本に関する戦略，指標及び目標 ·····································

① 戦略

a. 人材育成方針

　　当社グループは「常に世界最高の技術とものづくりの力を追求し，優れた製品・サービスの提供を通じて社会の発展に貢献する」ことを基本理念に掲げています。また，経営理念において「人を育て活かし，活力あるグループを築きます。」と掲げ，従来から重要なテーマとして人材育成に取り組んでいます。

　　当社グループでは，事業戦略を共有しグループ一体となった経営を行いつつも，人材育成及び社内環境整備については，グループ各社の事業特性を踏まえた取組みを各々で実施しているため，以降は当社の取組みについて記載します。

　　上記基本理念を実現すべく，当社では人材育成基本方針として，人材育成における上司の役割の重要性及びOJT（On the Job Training）が人材育成の基本であるとの位置づけを社内に明示し，上司・部下間の対話を基軸とした人材育成を行っています。

　　また，「総合力世界No.1の鉄鋼メーカー」を目指して成長し続けることを念頭に，中長期経営計画の4つの柱の諸施策に加え，外部環境に左右されない厚みを持った事業構造への転換にも取り組んでおり，これらを着実に実行するための育成施策を推進しています。

・操業整備系人材育成

　　操業整備系社員の人材育成については，長期雇用を前提とした技術・技能の蓄積を弛みなく実践するために，習得すべき技能の一覧を「技能マップ」として明確にしたうえで，OJTによる育成PDCAを回しています。

　　また，OJTを補完するOFF-JTについては，基礎技能習得を行うとともに，現場発の知恵（＝現場技術）の創出力を引き上げるための職場リーダー教育や技能伝承を狙ったベテラン層教育も行っています。

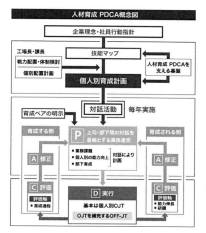

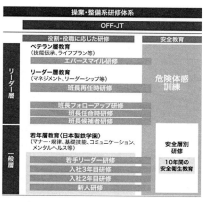

・スタッフ系人材育成

　　スタッフ系社員の人材育成についても，企業理念・社員行動指針や組織戦略をもとに個人別の育成計画を策定し，1年間の具体的な計画に基づき上司・部下間の対話を基軸としたOJTを行っています。

　　OFF-JTについては，各役割・役職に求められる知識やスキルを各人が習得し，社員全体の能力向上を図る階層別教育，各人の育成ニーズに応じた選択型研修に加え，経営戦略の実現を支える育成施策を織り込み，人材育成を進めています。

　　具体例としては，海外事業の深化・拡充に向けて，社員として到達すべき英語力の基準を設定し底上げを図るとともに，業務上必要性の高い社員については，海外で自立的に業務を遂行できるレベルへ引き上げるプログラムを用意し，英語力強化を行っています。さらに，現地事業を担う派遣者の赴任前教育，現地従業員の育成にも力を入れています。

　　また，DX戦略の推進のため，2030年までにスタッフ系社員の約20％を「データの高度利用ができる」シチズンデータサイエンティストに育成するデータサイエンス教育に加え，管理者がDXを牽引するための意識改革を促すデジタル・マネジメント教育の2つの軸で育成を行い，データとデジタル

を駆使した生産・業務プロセス改革を推進しています。

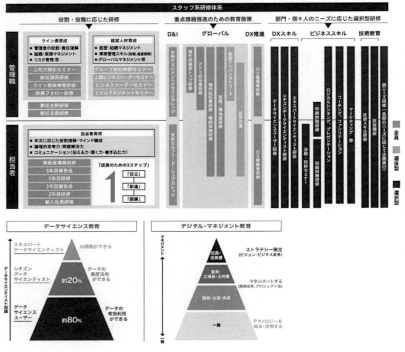

b. 社内環境整備方針

　人材が活き活きと働くための社内環境整備として，当社では，多様な社員が，生産性高く，持てる力を最大限発揮し，誇りとやりがいをもって活躍できる企業の実現を目指し，ダイバーシティ＆インクルージョンの取組みを行っています。

　当社では，この取組みを強化すべく，5つの主要推進項目を立て，取組みを促進する専任組織を設置し，各種施策の推進を図っています。

(point) 事業等のリスク

「対処すべき課題」の次に重要な項目。新規参入により長期的に価格競争が激しくなり企業の体力が奪われるようなことがあるため，その事業がどの程度参入障壁が高く安定したビジネスなのかなど考えるきっかけになる。また，規制や法律，訴訟なども企業によっては大きな問題になる可能性があるため，注意深く読む必要がある。

・女性活躍の推進

　　従来から法定水準を上回る制度の導入や24時間対応可能な保育所等，女性従業員が働きやすい労働環境を整備するとともに，採用の拡大に取り組んできました。

　　より一層の活躍推進に向けて，女性管理職数の中長期目標を設定し，キャリア研修の新設等，ライフイベントを見越した育成施策の充実，社内の風土醸成のためのダイバーシティマネジメント及びアンコンシャスバイアスに関わる教育等を進めています。

・多様な事情を抱える人材が活躍できる働き方・休み方の追求

　　柔軟で多様な働き方を追求すべく，テレワーク制度の積極活用，コアタイムを廃止したコアレスフレックス制度の拡大等を行ってきましたが，社員がさらに活き活きと生産性高く持てる力を最大限発揮する働き方を追求することで，生産性の向上およびワークライフバランスの実現を目指しています。

　　また，個々の事情に合わせた柔軟な休み方の実現に向けた環境整備も進めています。年次有給休暇の取得促進に加え，育児期の子を持つ男性社員の積極的な育児参画を促す観点から，配偶者が出産した男性社員全員に，育児休業・関連休暇の取得を推奨する取組みを進めています。さらに，高齢化が進展するなかでの仕事と介護の両立支援制度や様々な用途で利用できる失効年休積立て制度等を設けるとともに，社員が制度を利用し易い風土の醸成にも努めています。

・65歳までの能力最大発揮を目指した健康マネジメントの展開

　　「安全と健康はすべてに優先する最も大切な価値であり，事業発展を支える基盤である」という当社グループの安全衛生基本方針のもと，当社では，65歳に引き上げた定年退職まで，社員一人ひとりが心身ともに健康で最大

限のパフォーマンスを発揮しながら働き，活力溢れる会社になることを目指し，疾病の未然予防及び早期発見・早期治療を確実に実行する健康推進施策に取り組んでいます。具体的には，「こころとからだの健康づくり」推進として，健康診断メニューの充実，検診受診の促進・受診後のフォロー強化及び脳心疾患対策としての生活習慣改善保健指導等の取組みを行っています。

　また，グローバル事業展開を支えるため海外で勤務する社員が安心して働けるよう，帯同家族も含めた定期的なフォロー，当社産業医の海外事務所巡回，現地の医療機関や生活環境の調査及び海外勤務者との面談等により必要なアドバイス等を実施し，施策の充実を図っています。

② **指標及び目標**

　上記戦略を着実に推進するため，女性活躍，働き方・休み方，健康推進及び人材育成に関するKPIを設定し，取組みを加速していきます。当社グループではグループ各社の事業特性を踏まえた各々の取組みを実施しており，連結グループとしての目標設定は実施していないため，当社の指標及び目標を記載します。

指標	2020年度	2021年度	2022年度	目標
女性管理職数（名）　*1	36	45	55 2023年4月1日 時点65	2025年までに 2020年の2〜3倍
有給休暇取得率(%)	60.0 *2	77.8 *2	82.9	75以上
男性の育児休業取得率(%)	8	25	56	－ *4
男性の育児休業と育児目的休暇を合わせた取得率(%)	－ *3	81	100	
教育訓練時間（時間/人・年） ［万時間/年・総計］	62 *5 ［182］	32 *6 ［90］	*7	－ *4

＊1　各年度の昇格実施日現在の数値である。

＊2　鉄鋼需要の大幅減に伴う減産への対応として実施した臨時休業の影響があった。

＊3　2021年度より集計を開始した。

＊4　定量目標を設定していない。

＊5　新型コロナウィルス感染まん延下での研修の一部中止・延期の影響があった。

＊6　新型コロナウィルス感染まん延下での研修の一部中止・延期継続，新入社員減少の影響があった。

＊7　2022年度実績は2023年9月頃発行予定のサステナビリティレポートで開示する予定である
　　（https://www.nipponsteel.com/csr/report/）。

　本報告書に記載した当社グループの事業の状況，経理の状況等に関する事項のうち，投資者の判断に重要な影響を及ぼす可能性のある主な事項には，下記各項のものがあります。ただし，これらは当社グループに関するすべてのリスクを網羅したものではなく，記載された事項以外の予見しがたいリスクも存在します。また，投資者の判断に重要な影響を及ぼす可能性のある事項は，本報告書「第一部企業情報　第2　事業の状況」の他の項目，本報告書「第一部企業情報　第5　経理の状況」の各注記，その他においても個々に記載していますので，あわせて御参照ください。

　なお，当社グループは，これらのリスクの低減を図るため，本報告書「第一部企業情報　第4　提出会社の状況　4　コーポレート・ガバナンスの状況等」に記載のとおりの企業統治体制を整え，内部統制システムを整備・運用し，各社・各部門が自部門における事業上のリスクの把握・評価を行ったうえで，組織規程・業務規程において定められた権限・責任に基づき業務を遂行しています。

　文中の将来に関する事項は，当連結会計年度末現在において当社が判断したものです。

＜経営環境（鉄鋼市場）に関するリスク＞
（1）　日本及び海外の経済状況の変動等 ･････････････････････････････････････

　製鉄事業を中核とする当社グループにおいては，連結売上収益の約9割を製鉄事業が占めています。自動車，建設，エネルギー，産業機械等，鋼材の主要な需要家が属する業界と同様に，製鉄事業は国内及び海外のマクロ経済情勢と相関性が高く，日本や世界経済の景気に大きく影響されます。

　当社は，資産の多くを日本に保有しており，日本の政治的，経済的又は法的環境が大きく変わると，その資産価値が大きく変動するリスクがあります。また，日本は，当社グループの最も重要な地理的市場の一つであり，国内売上収益が当期末の連結売上収益の約6割を占めます。先行きを見通すことは困難ですが，日本の経済が悪化すれば，当社グループの事業活動，業績，財政状態や将来の成長に悪影響が生じる可能性があります。

(point) **財政状態，経営成績及びキャッシュ・フローの状況の分析**

　「事業等の概要」の内容などをこの項目で詳しく説明している場合があるため，この項目も非常に重要。自社が事業を行っている市場は今後も成長するのか，それは世界のどの地域なのか，今社会の流れはどうなっていて，それに対して売上を伸ばすために何をしているのか，収益を左右する費用はなにか，などとても有益な情報が多い。

また，当社グループは，グローバル戦略の深化・拡充を事業戦略の一つに掲げており，当社グループの海外売上収益は，連結売上収益の約４割を占めます。海外では政情不安（戦争・内乱・紛争・暴動・テロを含む。），日本との外交関係の悪化，経済情勢の悪化，商習慣，労使関係や文化の相違から生じる不測のリスクが生じる可能性があります。これに加えて，鋼材需要の減退，価格競争の激化，大幅な為替レート変動，自然災害の発生，感染症の拡大，保護主義の台頭，投資規制，輸出入規制，為替規制，現地産業の国有化，税制や税率の大幅な変更等，海外各国における事業環境が大きく変化する場合は，当社グループの事業活動，業績，財政状態や将来の成長に悪影響が生じる可能性があります。2023年度については，世界の鉄鋼需要は現状からの好転が見込めない状況下にあります。中国は不動産市況の低迷が継続し，内需の回復も見通せておらず，欧米においても先行きの不透明感が払拭できていません。また，製品価格が低迷するなか，原料価格は依然として高水準で推移すると想定され，海外一般市況分野におけるスプレッド（原料と鋼材の市況価格差）の改善も見込めない状況にあります。こうした状況に対して，当社は従来の収益構造対策等に加え，将来ビジョンである１兆円の利益水準に向けて，さらに厚みを持った新たな事業構造への進化を図り，外部環境に関わらず，さらなる高収益を計上できる基盤の構築を目指していきますが，今後の様々な要因によって大きく異なる結果となる可能性があります。

（2）　鋼材需給の変動等

　鋼材の国際的な需給の変動が当社グループの業績等に影響を与える可能性があります。特に，中国における鉄鋼の過剰生産能力問題は，十分な解決には至っておらず，過剰供給に起因する世界市場での厳しい競争は，世界の鋼材価格の引下げ要因となり，当社グループの事業活動，業績や財政状態に悪影響が生じる可能性があります。また，原油・天然ガス等の価格変動も，販売先のひとつであるエネルギー分野の鋼材需要の変化につながることから，当社グループの業績等に影響を与える可能性があります。

　また，当社グループの製鉄事業における需要家の多くは，鋼材を大量にかつ長期にわたり購入しており，主要な需要家が事業戦略や購買方針を大幅に変更した

場合や，鋼材等の販売先である商社・需要家等において与信リスクが顕在化した場合には，当社グループの業績及び財政状態に影響が生じる可能性があります。

（3） 原燃料価格の変動等 ･･

　当社グループは，鋼材の生産に必要な鉄鉱石，石炭等の主原料の大半をオーストラリア，ブラジル，カナダ，米国等の海外から輸入しています。また，当社グループは，主原料をはじめ，合金，スクラップ，天然ガス等の原燃料の調達に際し，調達ソースの分散等を通じて安定調達に努めていますが，その価格や海上輸送にかかる運賃は国際的な需給状況により大きく変動しており，市況が高騰した際に，当社グループがこれを鋼材の販売価格に転嫁できなければ，当社グループの事業活動，業績や財政状態に悪影響が生じる可能性があります。また，原燃料生産国における大きな自然災害，ストライキやトラブルの発生，政治情勢の悪化や戦争・テロ，感染症の拡大等により，原燃料の生産量や出荷量が減少すると，当社グループの業績及び財政状態に悪影響が生じる可能性があります。

（4） 為替相場の変動 ･･

　当社グループは，製品等の輸出及び原燃料等の輸入において外貨建取引を行っており，また外貨建ての債権債務を保有しています。製品等の輸出による受取外貨を原燃料等の輸入の際の支払外貨に充当することにより為替変動影響の大部分を排除したうえで，実需原則に基づいて先物為替予約を実施していますが，為替相場の変動が業績等に影響を与える可能性があります。円高が進んだ場合，鋼材を中心とする当社国内製品の輸出競争力が損なわれることや，自動車，家電，エネルギー，産業機械等，製鉄事業の主要な需要産業の輸出競争力も損なわれて国内鋼材需要が減退することにより，当社グループの業績及び財政状態に悪影響が生じる可能性があります。一方，円安が進んだ場合，輸出市場においては相対的に価格競争力が増しますが，原燃料等の価格が高騰している状況においては，急速な円安によるコスト影響が従来以上に大きくなる可能性があります。

(point) 設備投資等の概要

　セグメントごとの設備投資額を公開している。多くの企業にとって設備投資は競争力向上・維持のために必要不可欠だ。企業は売上の数％など一定の水準を設定して毎年設備への投資を行う。半導体などのテクノロジー関連企業は装置産業であり，技術発展がスピードが速いため，常に多額の設備投資を行う宿命にある。

(5) 他素材との競合 ···

　鉄鋼製品は，アルミニウム，炭素繊維，ガラス，樹脂・プラスチック，複合材，コンクリート及び木材のような他の素材と常に競合しています。近年，特に電気自動車（EV）の普及等により素材へのニーズが多様化している自動車向け用途においては，当社グループも独自に鋼材のさらなる軽量化や高機能鋼材の研究・開発・製造等を進めていますが，需要家がアルミニウム，樹脂，炭素繊維複合材等の他素材への転換を選択し鋼材の需要が減少すると，当社グループの業績及び財政状態に悪影響が生じる可能性があります。

＜事業戦略・計画の遂行に関するリスク＞
（1）　中長期経営計画の遂行 ···

　当社グループは，2021年3月に「日本製鉄グループ中長期経営計画」（本項において，以下「中長期経営計画」といいます。）を策定し，その計画に掲げた具体的諸施策を推進しています。これらの計画は，策定当時において適切と考えられる情報や分析等に基づき策定されていますが，こうした情報や分析等には不確定要素が含まれています。今後，事業環境の悪化や本「事業等のリスク」として記載したすべての事項を含めたその他の要因により，期待される成果の実現に至らず，「中長期経営計画」で掲げた投入計画，財務目標も達成できない可能性があります。

（2）　カーボンニュートラル実現に向けた取組み ·······························

　当社は，2021年3月に「日本製鉄カーボンニュートラルビジョン2050」を策定し，2050年に向けて電炉による高級鋼の量産製造，Super-COURSE50等の高炉水素還元法の開発を通じたCO_2抜本的削減，水素による直接還元鉄製造等の超革新的技術にチャレンジし，CCUS等によるカーボンオフセット対策等も含めた複線的なアプローチでカーボンニュートラルを目指すこととしました。こうした極めてハードルの高いイノベーションに対し，当社は約5,000億円の研究開発費，設備実装に約4〜5兆円の投資が必要であることに加え，2050年段階での外部条件を含むベストケース想定でも大幅なコストアップになると想定してい

ⓟₒᵢₙₜ 主要な設備の状況

　「設備投資等の概要」では各セグメントの1年間の設備投資金額のみの掲載だが，ここではより詳細に，現在セグメント別，または各子会社が保有している土地，建物，機械装置の金額が合計でどれくらいなのか知ることができる。

ます。これに対し，非連続的イノベーション等の研究開発や設備実装に対する長期かつ継続的な政府の支援，莫大なコストを社会全体で負担する仕組みの構築等，政府をはじめとする関係部門に対して要望していますが，十分な支援を受けられない場合，当社グループの業績及び財政状態に悪影響が生じる可能性があります。また，産業界に不利となる制度変更，研究開発の成果が得られない等の要因により，期待される成果の実現に至らない可能性があります。

（3） コスト改善の取組み ··

　当社グループは，「中長期経営計画」に掲げたとおり，「戦略商品への積極投資による注文構成の高度化」，「技術力を確実に収益に結びつけるための設備新鋭化」，「商品と設備の取捨選択による生産体制のスリム化・効率化」を基本方針として最適生産体制の構築を進めることとしています。そのうち生産体制のスリム化・効率化については，2020年2月に決定した生産設備構造対策による効果とあわせ，2025年までに2019年度対比で1,500億円／年の構造対策効果を見込んでいます。しかしながら，様々な外部要因や内部要因等により，国内製鉄事業において計画している鉄源工程や製品製造工程のスリム化・効率化の進捗が遅れるなど，コストを計画通り改善することができない場合，当社グループの業績及び財政状態に悪影響が生じる可能性があります。

（4） 設備投資 ··

　製鉄事業は資本集約的産業であり，継続的に多額の設備投資及び設備修繕支出を必要とします。当社グループは，高炉・コークス炉改修を含む設備の新鋭化・健全性維持並びに成長分野の需要捕捉に向けた瀬戸内製鉄所及び九州製鉄所におけるハイグレード無方向性電磁鋼板能力対策や名古屋製鉄所における次世代熱延ライン新設を含む生産対応等を推進するために必要な設備投資を計画的に実施していますが，減価償却費が増加するほか，当初想定した効果が十分に得られないこと等により，当社グループの業績及び財政状態に悪影響が生じる可能性があります。なお，当社グループは「中長期経営計画」に掲げたとおり，「戦略商品への積極投資による注文構成の高度化」，「技術力を確実に収益に結びつけるための設

備新鋭化」,「商品と設備の取捨選択による生産体制のスリム化・効率化」を基本方針に, 2021年度から2025年度までの5年間で約2兆4,000億円の設備投資を実施し, その投資効果の最大化に取り組んでいます。

(5) 組織再編, 海外投資等 ･･

　当社グループは, 2017年3月の日新製鋼株式会社の子会社化 (2020年4月に吸収合併), 2018年6月のスウェーデンOvakoAB社の買収, 2019年3月の山陽特殊製鋼株式会社の子会社化, 2019年12月のインドエッサールスチール社のアルセロールミッタル社との共同買収, 2020年12月のAM/NS Calvert LLCにおける電気炉の新設の決定, 2022年2月のタイG Steel Public Company Limited及びGJ Steel Public Company Limitedの買収, 2023年4月の日鉄物産株式会社の子会社化等の組織再編・投資によって成長をしており, 今後も国内及び海外において, 合併や買収, 合弁会社の設立等の組織再編や投資を継続する可能性があります。当社グループは, 慎重な事業評価, 契約交渉, 社内審議等のプロセスを経たうえで投資等の実行を判断し遂行していますが, 当初計画通りにシナジー効果が創出されなかったり, 連結財政状態計算書に計上したのれんに減損が生じたりする場合は, 当社グループの業績及び財政状態に悪影響が生じる可能性があります。特に, 海外での投資案件は, 様々な要因 (適切な投資対象を見つけられない可能性や合弁事業におけるパートナーとの関係等も含む) から不確実性が高まります。

(6) 事業構造・生産体制の見直し ･･

　国内鉄鋼需要の縮小や海外鉄鋼市場における競争激化及び主要生産設備の老朽化に対応すべく, 国内製鉄事業においては, 商品と設備の取捨選択による集中生産等を基軸とした, 体質強化の徹底的な推進を目的に, 設備の休止や不採算品種からの撤退等の生産設備構造対策を実施していますが, 今後の経営環境の変化や収益動向等を踏まえ, さらなる対策を実施する可能性があります。海外においても, 既存の事業についてこれまでに選択と集中を積極的に推進し, 当社が継続する合理性のない事業からの撤退を概ね完了しつつありますが, 経営環境の悪化

設備の新設, 除却等の計画

　ここでは今後, 会社がどの程度の設備投資を計画しているか知ることができる。毎期どれくらいの設備投資を行っているか確認すると, 技術等での競争力維持に積極的な姿勢かどうか, どのセグメントを重要視しているか分かる。また景気が悪化したときは設備投資額を減らす傾向にある。

等により，将来的に収益回復の見込みがない不採算事業や投資目的が希薄化した事業を中心に，引き続き再編・撤退を行う可能性があります。これらのさらなる再編・撤退等を実施する場合，減産や一時的な損失の発生等により，当社グループの事業活動，業績及び財政状態に悪影響が生じる可能性があります。なお，当期においては，事業再編損として328億円の損失を計上しています。

(7) 人材確保・育成，ダイバーシティ＆インクルージョンへの取組み，省力化対策

当社グループの将来の成長は，有能な人材の確保及び育成に依拠する部分も大きいことから，仕事と生活の調和の取れた働き方の実現や関連諸制度の浸透・定着等によって就労環境の整備を図りつつ，育成体系の整備等を行いながら，安定的な人材確保と人材競争力の強化に努めています。また，有能な人材の確保及び育成とともに，会社人生で発生し得るライフイベントや健康に起因する労働損失を最小化し，様々な事情を抱える多様な人材が生産性高く，誇りを持って活躍できる働き方を実現するために，ダイバーシティ＆インクルージョンへの積極的な取組み等を通じ，多様な従業員が誇りとやりがいを持って活躍できる企業を実現していくべく，具体的な取組みの強化に努めています。加えて，人口減少による人手不足に対応するべく，省力化対策の設備投資を進めています。当社グループは，有能な人材の確保と育成，また省力化対策の設備投資の確実な実行に努めていますが，計画通り達成できない場合，当社グループの事業活動，業績及び財政状態に悪影響が生じる可能性があります。

＜事業運営に関するリスク＞

(1) 設備事故，労働災害等

当社グループの中核事業である製鉄事業の生産プロセスは，高炉，コークス炉，転炉，連続鋳造機，圧延機，発電設備等の特定の重要設備に依存しています。当社グループは，安定生産の確保を図るため，製鉄所等の強化・再建を基本経営課題に据えて，設備と人材の両面で製造実力の強化策を推進していますが，これらの設備において，電気的又は機械的事故，火災や爆発，労働災害等が生じた場

(point) **株式の総数等**

発行可能株式総数とは，会社が発行することができる株式の総数のことを指す。役員会では，株主総会の了承を得ないで，必要に応じてその株数まで，株を発行することができる。敵対的TOBでは，経営陣が，自社をサポートしてくれる側に，新株を第三者割り当てで発行して，買収を防止することがある。

合，一部の操業が中断し，生産・出荷が遅延すること等により費用や補償の支払いが発生し，当社グループの業績及び財政状態に悪影響が生じる可能性があります。なお，当社グループは，これらの事故等に関連し，一定の保険を付しています。

(2)　品質問題等

　当社グループは，鉄鋼製品をはじめ，様々な製品・サービスを顧客に提供しています。当社は，「品質は生産に優先する」という基本的なものづくりの価値観のもと，一般社団法人日本鉄鋼連盟が定めた「品質保証体制強化に向けたガイドライン」等に沿った様々な取組みを実施していますが，製品やサービスに欠陥が見つかり品質問題が生じた場合は，顧客等から代品の納入や補償を求められるほか，製造・品質管理オペレーションの中止や見直しを行う必要が生じたり，当社グループ又は当社グループの製品やサービスに関する信頼が損なわれて売上が減少すること等により，当社グループの業績及び財政状態に悪影響が生じる可能性があります。なお，当社グループは，これらの事故等に関連し，一定の保険を付しています。

(3)　知的財産権の保護

　当社グループは，知的財産を活用した事業活動における競争優位性確保のため，技術開発等により得られた知的財産について，特許権や商標権等の産業財産権による保護を受けるための権利化や，営業秘密としての秘匿化の徹底に努めていますが，当社の知的財産について第三者による権利侵害や無断使用が行われた場合，権利化範囲や営業秘密としての管理が十全性に欠けたために必要な法的保護が受けられない場合，第三者によって権利が無効化された場合等には，当社グループの競争優位性の喪失を招き，当社グループの業績及び財政状態に悪影響が生じる可能性があります。また，第三者による権利侵害等の場合は，速やかに法的措置等を検討・実施するものの，訴訟状況等の諸般の事情から損害の回復が十分になされない可能性もあります。

　当社グループは，各国・地域における知的財産に関する法令や規制に基づく事業活動を展開していますが，第三者から知的財産の侵害クレームや訴訟提起等を

---

point　連結財務諸表等

　ここでは主に財務諸表の作成方法についての説明が書かれている。企業は大蔵省が定めた規則に従って財務諸表を作るよう義務付けられている。また金融商品法に従い，作成した財務諸表がどの監査法人によって監査を受けているかも明記されている。

受け，当社グループに不利な判断がなされた場合や知的財産関連法規制に違反したと認定された場合には，当社グループの事業活動，業績及び財政状態に悪影響が生じる可能性があります。

（4）　情報システムの障害，情報漏洩等 ･･･

　　当社グループの事業活動は，情報システムの利用に大きく依存しており，また，自社及び顧客・取引先の営業機密や個人情報等の機密情報が情報システムに保管されています。当社においては，技術情報をはじめとする機密情報の漏洩対策については最重要の経営課題として認識し，システムのセキュリティ強化に加えて，業務ルール，社員教育等の対策を推進していますが，当社グループの情報システムにおいて，悪意ある第三者からのウイルス感染等のサイバー攻撃等により，システム停止，機密情報の外部漏洩や棄損・改ざん等の事故が起きた場合，生産や業務の停止，知的財産における競争優位性の喪失，訴訟，社会的信用の低下等により，当社グループの業績及び財政状態に悪影響が生じる可能性があります。

＜その他のリスク＞
（1）　自然災害，戦争・テロ・感染症等 ･･･

　　当社グループは，製造，販売，研究開発等の活動をグローバルに展開しており，世界中に拠点を有しています。製鉄所をはじめとするこれらの各拠点においては，台風，地震，津波，洪水等の自然災害，戦争やテロ行為が生じた場合に備え，ハード面（設備対策），ソフト面（事業継続計画の策定等）において，一定の対策を施していますが，大規模な自然災害等に見舞われた場合は，各拠点の設備，情報システム等が損害を被り，一部の操業が中断し，生産・出荷が遅延すること等により費用や補償の支払いが発生したり，原料・製品・燃料の輸送手段等のインフラが停止すること等により，当社グループの業績及び財政状態に悪影響が生じる可能性があります。また，当社グループの拠点の有無にかかわらず，大規模な自然災害や戦争・テロ行為が生じた場合や強力な新型インフルエンザ等の感染症が世界的に流行した場合には，当社グループの事業活動に制約が生じる可能性があります。また，これに伴い，需要家の活動水準の低下やサプライチェーンの混乱等

(point) **連結財務諸表**

　　ここでは貸借対照表（またはバランスシート，BS），損益計算書（PL），キャッシュフロー計算書の詳細を調べることができる。あまり会計に詳しくない場合は，最低限，損益計算書の売上と営業利益を見ておけばよい。可能ならば，その数字が過去5年，10年の間にどのように変化しているか調べると会社への理解が深まるだろう。

の影響による景気の急速な悪化等を通じて，当社グループの生産活動及び販売活動等に支障をきたす可能性があります。

(2) 事業活動にかかる環境規制 ……………………………………………………

　当社は，製鉄所毎に異なる環境リスクへのきめ細かな対応や各地域の環境保全活動を通じた環境リスクマネジメントを推進し，グループ全体での環境負荷低減に取り組んでいます。当社グループは，事業活動を行う日本及び海外各国において，大気・水・土壌の汚染，化学物質の利用，廃棄物の処理・リサイクル等に関する広範な環境関連規制の適用を受けており，今後，これらについて，より厳格な規制が導入されたり，法令の運用・解釈が厳しくなったりすることにより，当社グループの事業活動の継続が困難となったり，法令遵守のための費用が増加する可能性があります。

　また，当社グループは，「持続可能な開発目標（SDGs）」の一つのゴールに掲げられた気候変動対策にも貢献すべく，世界最高レベルの資源・エネルギー効率で鋼材を生産し，中長期的な CO_2 排出量削減の観点から革新的な技術開発と長年培った技術の海外への移転・普及にも積極的に取り組んでいますが，今後，CO_2 の排出や化石燃料の利用に対する新たな規制等が導入された場合には，製鉄事業を中心に当社グループの事業活動が制約を受けたり，費用が増加したりする可能性があります。

(3) 非金融資産の減損及び繰延税金資産の回収可能性 ……………………………

　当社グループは，製鉄所設備等の有形固定資産や無形資産等の多額の非金融資産を所有していますが，経営環境の変化等に伴い，その収益性が低下し投資額の回収が見込めなくなった場合には，将来的な回収可能性を踏まえて非金融資産の帳簿価額を減額し減損損失を計上するため，当社グループの業績や財政状態に悪影響が生じる可能性があります。当期末における有形固定資産の残高は3兆1,836億円，無形資産の残高は1,574億円となっています。

　また，当社グループは，将来の課税所得の見積りに基づき繰延税金資産を計上していますが，経営環境の変化等に伴い将来課税所得の見積りの変更が必要に

なった場合や税率等の税制変更があった場合，繰延税金資産の取崩しにより，当社グループの業績及び財政状態に悪影響が生じる可能性があります。なお，当期末における繰延税金資産（繰延税金負債との相殺前）の残高は3,032億円となっています。

（4） 有価証券等の保有資産（制度資産を含む。）価値の変動 ……………………

当期末において，当社グループは株式等の資本性金融商品，関連会社・共同支配企業に対する投資を合計1兆6,656億円保有しています。このうち，取引先や提携先の政策保有株式については，すべての株式を対象に，保有目的が適切か，保有に伴う便益やリスクが資本コストに見合っているか等を具体的に精査し，保有の適否を確認しており，時価が一定額を超える政策保有株式については，取締役会において毎年検証しています。しかしながら，投資先の業績不振，証券市場における市況の悪化等により，評価損が発生する可能性があります。また，上記のほかに，当期末において，制度資産（退職給付信託財産を含みます。）が当社グループ合計で4,773億円あり，この資産を構成する国内外の株式，債券等の価格変動や金利情勢の変動が財政状態等に影響を与える可能性があります。

（5） 金融市場の変動や資金調達環境の変化 ………………………………………

当期末における当社グループの連結有利子負債残高は，2兆6,993億円であり，金利情勢，その他の金融市場の変動が業績等に影響を与える可能性があります。また，当社グループは，事業資金を金融機関からの借入及び社債の発行等により調達しています。当社グループは，「中長期経営計画」に掲げた親会社の所有者に帰属する持分に対する有利子負債の比率（劣後ローン・劣後債資本性調整後D/Eレシオ）0.7以下を目標とし，健全な財務体質の維持に努めていますが，金融市場が不安定となり又は悪化した場合，金融機関が貸出を圧縮したり格付機関が当社の信用格付の引き下げをしたりした場合等においては，必要な資金を必要な時期に適切な条件で調達できず，資金調達コストが増加することにより，当社グループの事業活動，業績及び財政状態に悪影響が生じる可能性があります。その結果として，「中長期経営計画」に掲げた上記目標を達成できない可能性もあ

ります。

(6) 海外の主要市場における関税引上げ，輸入規制 ⋯⋯⋯⋯⋯⋯⋯⋯⋯⋯⋯⋯⋯

これまで当社グループにおける一部の鋼材の輸出取引において，米国や東南ア
ジア諸国等から反ダンピング税等の特殊関税を賦課されています。当社グループ
は，輸入規制を受ける可能性を認識のうえ輸出取引を行うなど，適切に対応する
よう努めていますが，将来，海外の主要市場国において関税引上げ，特殊関税の
賦課，数量制限等の輸入規制が課せられた場合には，輸出取引が制約を受けるこ
とにより，当社グループの業績及び財政状態に影響が生じる可能性があります。

(7) 会計制度や税制の大幅な変更 ⋯⋯⋯⋯⋯⋯⋯⋯⋯⋯⋯⋯⋯⋯⋯⋯⋯⋯⋯⋯⋯⋯⋯

当社グループが事業活動を行う国において，会計制度や税制が大きく変更され
又は当社グループに不利な解釈や適用がなされたりした場合，当社グループの業
績及び財政状態に悪影響が生じる可能性があります。なお，当社は，グローバル
展開の一層の推進による企業価値の向上と資本市場における財務情報の国際的な
比較可能性の向上を目的に，連結財務諸表において国際会計基準（IFRS）を任意
適用しています。

(8) 各種法的規制，訴訟等 ⋯⋯⋯⋯⋯⋯⋯⋯⋯⋯⋯⋯⋯⋯⋯⋯⋯⋯⋯⋯⋯⋯⋯⋯⋯⋯⋯

当社グループの事業活動はグローバルに展開しており，日本及び海外各国・地
域の法令や規制に従って事業活動を行っています。法規制には，商取引法，競争
法，労働法，証券関連法，知的財産権法，環境法，税法，輸出入関連法，個人
情報保護関連法，刑法等に加えて，事業活動や投資を行うために必要とされる様々
な政府の許認可及び経済安全保障に関連する規制等があります。今後，より厳格
な規制が導入されたり，法令の運用・解釈が厳しくなったりすることにより，当
社グループの事業活動の継続が困難となったり，法令遵守のための費用が増加す
る可能性があります。

当社グループは，法令遵守が事業活動の基盤であることを認識し，国内外の役
員・従業員に対し，様々な形で法務・コンプライアンス教育を実施していますが，

当社グループが何らかの法規制に違反したと認定された場合には，課徴金等の行政処分，罰金等の刑事処分を受ける可能性があり，当社グループの業績及び財政状態に悪影響が生じる可能性があります。

　また，当社グループの広範な事業活動から，様々な第三者から訴訟を提起される可能性があり，重要な訴訟において当社グループに不利な判断がなされた場合には，事業活動の停止・制約，補償等により，業績及び財政状態に悪影響が生じる可能性があります。

4　経営者による財政状態，経営成績及びキャッシュ・フローの状況の分析

(1)　経営成績等の状況の概要

①　経営成績の状況

　当期における当社グループの経営成績の状況の概要は，本報告書「4　経営者による財政状態，経営成績及びキャッシュ・フローの状況の分析 (2) 経営者の視点による経営成績等の状況に関する分析・検討内容　①当連結会計年度の経営成績等の状況に関する認識及び分析・検討内容」に記載しています。

②　当期末の資産，負債，資本及び当期のキャッシュ・フロー

　当連結会計年度末における資産，負債，資本については，下記のとおりです。

　連結総資産は9兆5,670億円と，前連結会計年度に比べて8,147億円増加しました。負債は4兆9,206億円と，前連結会計年度に比べて653億円増加しました。資本は4兆6,464億円と，前連結会計年度に比べて7,494億円増加しました。なお，当期末の親会社の所有者に帰属する持分は4兆1,811億円となり，有利子負債は当期末2兆6,993億円となりました。この結果，親会社の所有者に帰属する持分に対する有利子負債の比率（D/Eレシオ）は0.65倍（劣後ローン・劣後債資本性調整後0.51倍）となりました。

(総資産)

　現金及び現金同等物は，前期末（5,510億円）から1,193億円増加し，当期末6,704億円となりました。これは，高水準の事業利益による営業活動キャッシュ・フローの収入等によるものです。

棚卸資産は，前期末（1兆7,565億円）から3,293億円増加し，当期末2兆859億円となりました。これは，原料価格上昇等によるものです。

　有形固定資産は，前期末（3兆526億円）から1,309億円増加し，当期末3兆1,836億円となりました。これは，設備の新鋭化を図るべく，名古屋製鉄所における第3高炉改修や瀬戸内製鉄所広畑地区における電気炉の新設等を実行したこと，注文構成を高度化すべく，九州製鉄所八幡地区や瀬戸内製鉄所広畑地区における電磁鋼板製造設備の増強，名古屋製鉄所における次世代型熱延ライン新設工事を実行したこと等によるものです。

　持分法で会計処理されている投資は，前期末（1兆790億円）から1,314億円増加し，当期末1兆2,105億円となりました。これは，持分法による投資利益（1,029億円）等によるものです。

（負債）

　有利子負債は前期末（2兆6,533億円）から460億円増加し，当期末2兆6,993億円となりました。これは，次期以降の経済情勢・調達環境見通し等を勘案した借入金の調達，社債の発行等による増加があった一方で，長期借入金の返済を実行したこと等による減少があったことによるものです。

　営業債務及びその他の債務は，前期末（1兆5,267億円）から654億円増加し，当期末1兆5,921億円となりました。これは，主に未払金の増加によるものです。

　未払法人所得税等は，前期末（1,099億円）から580億円減少し，当期末519億円となりました。これは，主に未払法人税等の減少によるものです。

（資本）

　利益剰余金は，前期末（2兆5,147億円）から5,643億円増加し，当期末3兆791億円となりました。これは，親会社の所有者に帰属する当期利益（6,940億円）等による増加があった一方で，配当金の支払いによる減少（1,659億円）があったことによるものです。

　その他の資本の構成要素は，前期末（1,969億円）から1,442億円増加し，当期末3,411億円となりました。これは，為替相場の変動による，在外営業活動体の換算差額の増加（939億円），金利の変動等による，キャッシュ・フロー・ヘッジの公正価値の純変動（338億円）等によるものです。

当連結会計年度におけるキャッシュ・フローについては，下記のとおりです。

営業活動によるキャッシュ・フローは6,612億円の収入となりました（前期は6,156億円の収入）。

投資活動によるキャッシュ・フローは3,665億円の支出となりました（前期は3,788億円の支出）。

この結果，フリーキャッシュ・フローは2,946億円の収入となりました（前期は2,367億円の収入）。

財務活動によるキャッシュ・フローは1,976億円の支出となりました（前期は613億円の支出）。

以上により，当期末における現金及び現金同等物は6,704億円（前期は5,510億円）となっています。

（営業活動によるキャッシュ・フロー）

税引前利益8,668億円に，減価償却費及び償却費（3,401億円）の加算等による収入があった一方，棚卸資産の増加（3,095億円），法人所得税の支払（2,144億円），持分法による投資損益（1,029億円）の控除の調整等による支出がありました。

（投資活動によるキャッシュ・フロー）

投資有価証券の売却による収入（886億円）等があった一方，設備の新鋭化を図るべく，名古屋製鉄所における第3高炉改修や瀬戸内製鉄所広畑地区における電気炉の新設等を実行したことに加え，注文構成を高度化すべく，九州製鉄所八幡地区や瀬戸内製鉄所広畑地区における電磁鋼板製造設備の増強，名古屋製鉄所における次世代型熱延ライン新設工事を実行したこと等による有形固定資産及び無形資産の取得による支出（4,700億円）等がありました。

（財務活動によるキャッシュ・フロー）

前期末及び当第2四半期末の配当（1,659億円）等による支出がありました。

③ 生産，受注及び販売の状況 ……………………………………………………

a. 生産実績

当連結会計年度における生産実績をセグメント毎に示すと，次のとおりです。

セグメントの名称	前連結会計年度　金額(百万円)	当連結会計年度　金額(百万円)
製鉄	6,413,794	7,602,584
エンジニアリング	239,873	306,542
ケミカル&マテリアル	232,481	259,892
システムソリューション	271,643	293,573
合計	7,157,794	8,462,593

(注) 1　金額は製造原価による。

　　　2　上記の金額には，グループ向生産分を含む。

b. 受注状況

　当連結会計年度における受注状況をセグメント毎に示すと，次のとおりです。

セグメントの名称	前連結会計年度 受注高(百万円)	当連結会計年度 受注高(百万円)	前連結会計年度 受注残高(百万円)	当連結会計年度 受注残高(百万円)
エンジニアリング	356,865	404,251	430,895	527,942
システムソリューション	202,434	236,866	90,329	105,380
合計	559,300	641,118	521,224	633,323

(注) 1　上記の金額には，グループ内受注分を含まない。

　　　2　「製鉄」，「ケミカル&マテリアル」は，多種多様な製品毎に継続的かつ反復的に注文を受けて生産・出荷する形態を主としており，その受注動向は，生産実績や販売実績に概ね連動していく傾向にあり，また，需要動向等についても，本報告書「4　経営者による財政状態，経営成績及びキャッシュ・フローの状況の分析 (2) 経営者の視点による経営成績等の状況に関する分析・検討内容　①当連結会計年度の経営成績等の状況に関する認識及び分析・検討内容」において記載していることから，金額又は数量についての記載を省略している。

c. 販売実績

　当連結会計年度における外部顧客に対する販売実績をセグメント毎に示すと，次のとおりです。

セグメントの名称	前連結会計年度　金額(百万円)	当連結会計年度　金額(百万円)
製鉄	6,105,157	7,176,756
エンジニアリング	253,415	319,365
ケミカル&マテリアル	245,083	257,648
システムソリューション	205,233	221,815
合計	6,808,890	7,975,586

(注) 1　前連結会計年度及び当連結会計年度における輸出販売高及び輸出割合は，次のとおりである。

前連結会計年度		当連結会計年度	
輸出販売高(百万円)	輸出割合(%)	輸出販売高(百万円)	輸出割合(%)
2,707,068	39.8	3,239,876	40.6

(注)　輸出販売高には，在外子会社の現地販売高を含む。

2　主な輸出先及び輸出販売高に対する割合は，次のとおりである。

輸出先	前連結会計年度(%)	当連結会計年度(%)
アジア	57.4	57.9
中近東	4.7	5.1
欧州	12.4	12.6
北米	12.8	12.3
中南米	10.0	9.7
アフリカ	2.4	1.9
大洋州	0.4	0.4
合計	100.0	100.0

(注)　輸出販売高には，在外子会社の現地販売高を含む。

3　前連結会計年度及び当連結会計年度における主な相手先別の販売実績及び総販売実績に対する割合は，次のとおりである。

相手先	前連結会計年度		当連結会計年度	
	金額(百万円)	割合(%)	金額(百万円)	割合(%)
日鉄物産㈱	1,434,515	21.1	1,555,353	19.5
住友商事㈱	685,136	10.1	ー	ー

(注)　総売上収益に対する割合が10%未満の場合は，当該連結会計年度の記載を省略し，「ー」表示している。

　当連結会計年度において，生産及び販売の実績金額が著しく増加しています。なお，生産，受注及び販売等に関する特記事項については，本報告書「4　経営者による財政状態，経営成績及びキャッシュ・フローの状況の分析 (2) 経営者の視点による経営成績等の状況に関する分析・検討内容　①当連結会計年度の経営成績等の状況に関する認識及び分析・検討内容」等に記載しています。

(2)　経営者の視点による経営成績等の状況に関する分析・検討内容 ‥‥‥‥‥‥
①　当連結会計年度の経営成績等の状況に関する認識及び分析・検討内容 ‥‥‥‥
(経営成績の分析)

　当期の世界経済は，ウクライナ情勢によるインフレの進行や欧米の金融引締め等の影響による下押し圧力があったものの，全体的に底堅い動きとなりました。

日本経済については，緩やかに持ち直したものの，円安等の影響により，大幅にインフレが進行しました。

鉄鋼需要については，上期は中国においてロックダウン解除後もサプライチェーン正常化に時間を要し需要回復が遅れました。また，米国・欧州ではインフレが進行し，新興国では通貨安で景気が悪化するなど，鋼材市況は急速に減速しました。下期は，中国においてはゼロコロナ政策終了により経済が回復基調にあったものの，米国では金利政策により景気が後退し，欧州・新興国では景気悪化が継続するなど，世界的な鋼材需要は低迷しました。こうした状況において，世界粗鋼生産量は過去に例を見ない長期間かつ大規模な減少が継続し，当社単独粗鋼生産量も2012年の経営統合後ピークの4,900万トンレベルから，当期は3,425万トンに著しく減少しました。

当期の連結業績については，極めて厳しい事業環境が継続するなかにおいても，従来からの抜本的な収益構造対策等の継続により収益の最大化に取り組むことで，通期の売上収益は7兆9,755億円（前期は6兆8,088億円），事業利益は9,164億円（前期は9,381億円），親会社の所有者に帰属する当期利益は6,940億円（前期は6,373億円）となりました。

セグメント別の業績は以下のとおりです。当社グループは，製鉄事業を中核として，エンジニアリング，ケミカル＆マテリアル，システムソリューションの4つのセグメントで事業を推進しており，製鉄セグメントが連結売上収益の約9割を占めています。

（当期のセグメント別の業績の概況）

		製鉄	エンジニアリング	ケミカル＆マテリアル	システムソリューション	合計	調整額	連結財務諸表計上額
売上収益	当期	72,455	3,522	2,745	2,925	81,648	△1,892	79,755
（億円）	前期	61,536	2,792	2,498	2,713	69,540	△1,451	68,088
セグメント利益	当期	8,614	116	161	321	9,214	△49	9,164
（億円）	前期	8,710	63	253	308	9,335	45	9,381

＜製鉄＞

製鉄セグメントの売上収益は7兆2,455億円（前期は6兆1,536億円），セグメント利益は8,614億円（前期は8,710億円）となりました。

製鉄セグメント利益の前期に対する増減△96億円の主な要因は次のとおりで

す。

生産・出荷数量	△1,350億円
マージン（為替影響含む）	600億円
コスト改善	500億円
本体海外事業	△400億円
原料事業	230億円
鉄グループ会社	760億円
在庫評価差（グループ会社込み）	△350億円

　極めて厳しい事業環境が継続するなかにおいても，当社は従来からの抜本的な収益構造対策等の継続により収益の最大化に取り組むことで，生産・出荷数量の減少により1,350億円の減益となったものの，マージン改善による600億円の増益，コスト改善効果による500億円の増益等により，前期並みのセグメント利益となりました。

＜エンジニアリング＞

　日鉄エンジニアリング（株）においては，カーボンニュートラル社会への貢献と災害に強いレジリエントな街づくりに関連する事業の成長に向けて，廃棄物発電・洋上風力発電事業等及び免制震デバイスや橋梁商品の開発・販売等の拡大に取り組んでいます。また，安定収益事業の強化・拡大のため，M&Aにより廃棄物処理O&M（運転・維持管理）事業やガス導管事業を取得し，洋上風力発電施設のO&M事業に関しては，専門企業や作業船保有企業との協業を開始しました。当期は環境・エネルギーセクターを中心に各セクターとも，前期までに積み上がった受注プロジェクトを着実に遂行したことにより，売上収益，事業利益とも増加しました。エンジニアリングセグメントの売上収益は3,522億（前期は2,792億円），セグメント利益は116億円（前期は63億円）となりました。

　事業別の売上収益（連結調整前）は以下のとおりです。

（当期の事業別の売上収益の概況）

		製鉄プラント	環境・エネルギー	都市インフラ	その他調整等	連結財務諸表計上額
売上収益	当期	538	2,374	690	△80	3,522
（億円）	前期	415	1,823	603	△49	2,792

　製鉄プラントセクターは，高炉改修の大型案件が完工したこと等により，538億円と前期（415億円）に対して増加しました。環境・エネルギーセクターは，廃棄物発電，バイオマス発電，洋上風力発電，海外海洋等の事業で大型案件の

工事が進捗し，2,374億円と前期（1,823億円）に対して増加しました。都市インフラセクターは，免制震デバイスや橋梁商品，大型物流施設の建設等において堅調な売上を計上し，690億円と前期（603億円）に対して増加しました。

＜ケミカル＆マテリアル＞

日鉄ケミカル＆マテリアル（株）においては，原燃料価格の高騰や年央からの半導体等の需要減少等により，前期比で減益となりました。ケミカル＆マテリアルセグメントの売上収益は2,745億円（前期は2,498億円），セグメント利益は161億円（前期は253億円）となりました。

事業別の売上収益（連結調整前）は以下のとおりです。

（当期の事業別の売上収益の概況）

		コールケミカル	化学品	機能材料／複合材料	その他調整等	連結財務諸表計上額
売上収益	当期	620	1,250	880	△5	2,745
（億円）	前期	390	1,200	910	△2	2,498

コールケミカル事業では，タイヤ向けカーボンブラックの販売は好調に推移しましたが，黒鉛電極用ニードルコークスは需要の低迷が継続し，620億円（前期は390億円）となりました。化学品事業では，ベンゼン市況は概ね安定的に推移しましたが，スチレンモノマーやビスフェノールAは中国での生産設備の新増設が進む一方，需要低迷が続き，1,250億円（前期は1,200億円）となりました。機能材料事業では，半導体関連材料，ディスプレイ関連材料の急速な需要減が進み，販売数量が減少しました。複合材料事業では，インフラ更新の需要は継続する見通しながら，着工の遅れから，主力の土木・建築向け補強材料の販売数量は減少しました。一方，スポーツ分野向けを中心に炭素繊維の販売は好調を継続し，機能材料と複合材料をあわせて880億円（前期910億円）となりました。

＜システムソリューション＞

日鉄ソリューションズ（株）においては，今後の日本企業のDX本格展開を見据え，お客様との関係性を深化させながら，全社を挙げてDXニーズを最大限に捕捉し，事業拡大に取り組んでいます。注力領域の一つであるデジタル製造業領域では，無線IoTセンサ活用プラットフォーム「NS-IoT」や統合データプラットフォーム「NS-Lib」を構築し，当社のDX推進に取り組むとともに，製薬企業と共同で統合データ利活用基盤を構築するなど製造業のDX推進支援に取り組みました。

また，AI領域，業務プロセスのデジタル化支援，データ利活用領域，豊富なDX人材リソース等，それぞれ強みを有する各企業との資本業務提携や戦略的パートナーシップ契約の締結に加え，電力業界，金融業界及び食品業界向けの新規ソリューション開発を行うなど，DXニーズへの対応力の強化に取り組みました。システムソリューションセグメントの売上収益は2,925億円（前期は2,713億円），セグメント利益は321億円（前期は308億円）となりました。

事業別の売上収益（連結調整前）は以下のとおりです。

（当期の事業別の売上収益の概況）

		業務ソリューション	サービスソリューション	その他調整等	連結財務諸表計上額
売上収益	当期	1,898	1,019	8	2,925
（億円）	前期	1,757	947	10	2,713

業務ソリューションは，産業，流通・サービス分野におけるプラットフォーマー向けの増加に加えて，公共公益分野での官公庁向け大型基盤構築案件により，1,898億円と前期（1,757億円）に対して増加しました。サービスソリューションは，ITインフラ分野におけるクラウド事業を中心とした増加に加えて，鉄鋼分野における当社及び当社グループ向けの増加により，1,019億円と前期（947億円）に対して増加しました。

（経営上の目標の達成状況を判断するための客観的な指標等）

2021年3月に策定した「日本製鉄グループ中長期経営計画」に掲げた収益・財務体質目標，株主還元とそれに対する当期の状況は以下のとおりです。

2022年度の連結業績につきましては，従来からの抜本的な収益構造対策等の継続により収益の最大化に取り組み，通期の売上収益は7兆9,755億円（うち上期3兆8,744億円，下期4兆1,011億円），事業利益は9,164億円（うち上期5,417億円，下期3,747億円），ROSは11.5％（うち上期14.0％，下期9.1％）となりました。

	2022年度（実績）	2025年度経営計画
売上収益事業利益率（ROS）	11.5%	10%程度
親会社所有者帰属持分当期利益率（ROE）	18.1%	10%程度
D/Eレシオ（*）	0.51	0.7以下
連結配当性向	23.9%	30%程度を目安

② **キャッシュ・フローの状況の分析・検討並びに資本の財源及び資金の流動性
に係る情報** ……………………………………………………………………

　キャッシュ・フローの状況の分析については，本報告書「4　経営者による財
政状態，経営成績及びキャッシュ・フローの状況の分析（1）経営成績等の状況の
概要　②当期末の資産，負債，資本及び当期のキャッシュ・フロー」に記載して
います。

　文中の将来に関する事項は，当連結会計年度末現在において当社グループが判
断したものです。

（資本政策）

　一定水準の財務健全性が維持されることを前提として，当社グループは投下資
本の運用効率を重視し，投資先への資本の投入（資本的支出，R&D，M&A含む）
によって企業価値を最大化する資本政策を推進しています。それは，資本コスト
を超過する収益の創出が期待され，持続的な成長を可能にすると同時に，株主へ
の利益還元によって株主の要求を満たすものです。

　当社グループは，上記資本政策の達成に必要な資金を，主として「稼ぐ力」の
維持と向上によって生み出される営業キャッシュ・フローから獲得することに加
え，必要に応じて銀行借入や社債の発行等，外部からの資金調達も実施していま
す。

　また当社グループは，ROS，ROE及びD/Eレシオを中長期的な収益の成長と
財務体質の健全性を達成する上での主要な経営管理指標としています。

　剰余金の配当等につきましては，本報告書「第4　提出会社の状況　3　配当
政策」に記載しています。　　また，自己株式の取得については，機動性を確保す
る観点から，定款第33条の規定に基づき取締役会の決議によることとします。
取締役会においては，機動的な資本政策等の遂行の必要性，財務体質への影響等
を考慮したうえで，総合的に判断することとしています。

（資金需要の動向に関する経営者の認識と資金調達の方法）

1）中長期経営計画の実行状況

　2021年3月に公表した「日本製鉄グループ中長期経営計画」では，成長の実

現に向けた経営資源投入として，5年間で2兆4,000億円規模の設備投資と6,000億円規模の事業投資に加え，カーボンニュートラル生産の実現に向けた研究開発や設備投資の実行，デジタルトランスフォーメーション戦略への資金投入を計画しています。これら経営計画に必要な投資を実行する前提で，2025年度断面では，D/Eレシオ（※）0.7以下を実現することを目標としています。

（※）劣後ローン・劣後債資本性調整後

　上記方針のもと，設備投資については，強靭な国内生産体制を再構築するための投資や戦略商品の対応力強化に資する投資等を積極的に進めてきました。具体的には，自動車業界において一層高まっていくと想定される車体の軽量化・高強度化ニーズに応えるべく，超ハイテン鋼板等の高級薄板の生産体制を抜本的に強化するため，戦略的な投資として約2,700億円を投入し，自動車鋼板製造の中核拠点である名古屋製鉄所に次世代熱延ラインを新設することを2022年5月に決定しました。また，電磁鋼板についても，カーボンニュートラルに向けた社会的ニーズを踏まえ，既決定投資に加え，新たに約900億円を投入し，瀬戸内製鉄所阪神地区（堺）・九州製鉄所八幡地区においてハイグレード無方向性電磁鋼板の能力対策を実施することを2023年5月に決定しました。

　また，事業投資については，将来的なグローバル粗鋼1億トン体制及び外部環境に左右されない厚みを持った事業構造への進化に向けた施策を推進しています。2022年度においては，2022年9月に，ArcelorMittal Nippon Steel India Limitedのハジラ製鉄所での鉄源拡張，及び，港湾・電力等重要インフラの買収を通じた，同社における製鉄事業基盤強化施策の実施を決定しました。2022年12月には，鉄鋼製造サプライチェーンの下流にあたる流通分野へ事業領域を拡大するため，持分法適用関連会社であった日鉄物産株式会社に対する公開買付け及び子会社化を決定し，2023年4月に公開買付けが完了・成立しました。

　環境面では，カーボンニュートラルの実現に向けて，2021年4月に専任プロジェクトを設置し，3つの超革新技術（高炉水素還元，100%水素直接還元プロセス，大型電炉での高級鋼製造）を他国に先駆けて開発・実機化するための取組みを推進しています。国立研究開発法人新エネルギー・産業技術総合開発機構（NEDO）から公募された「グリーンイノベーション基金事業／製鉄プロセスにおける水素活用プロジェクト」に，当社を含む4社による共同提案を行い，2021年12月に

採択されました（支援規模：1,935億円）。

2）資金調達

　上記経営計画に関して多額の資金所要が見込まれるなか，調達コストを抑制しながら成長投資資金を確保し財務基盤を強化することを目的として，2021年10月に転換社債型新株予約権付社債3,000億円を発行しました。2023年3月には，脱炭素社会に向けた取組みを推進していくための所要資金を調達する手段として，グリーンボンド（無担保社債）500億円を発行しました。

　また，フリーキャッシュ・フローの状況に応じて，調達環境，金利条件等を勘案して，最適なタイミングで資金調達面での対応を図ります。

　2023年3月末における劣後ローン・劣後債資本性調整後のD/Eレシオは0.51倍となり，2025年中長期経営計画の目標である0.7倍以下を維持しています。中長期的に機動的かつ確実な成長戦略の遂行を継続するため，財務規律を重視したキャッシュ・マネジメントを引き続き実行していきます。

（流動性管理及び資金調達の方針について）

　当社グループの円滑な事業活動に必要な資金を確保するため，手許資金及び外部借入を有効に活用しています。手許資金については，実需に見合った最低限の現預金を保有する方針としており，過去及び将来の資金繰りを勘案し，最適な保有残高を志向しています。外部借入については，安全性・安定性・柔軟性を担保する観点から基本的な調達の枠組みを決定しています。具体的には，不測の事態発生時における，当社の支払余力を確保すべく，適正な長期固定適合比率を維持するとともに，安全性の補完のためにコミットメントライン（当社連結：6,109億円）契約を締結しています。

　また短期資金と長期資金のバランスを踏まえた有利子負債残高の設計により自由度を確保しており，当該枠組みの範囲内で，最適な資金調達の実現を志向しています。

③　会計上の見積り及び当該見積りに用いた仮定 ·······································

　当社の連結財務諸表は，国際会計基準に基づき作成されています。重要な会計方針については，本報告書「第一部企業情報　第5　経理の状況」に記載してい

ます。連結財務諸表の作成にあたっては，会計上の見積りを行う必要があり，引当金の計上，非金融資産の減損，繰延税金資産の回収可能性の判断等につきましては，過去の実績や他の合理的な方法により見積りを行っています。ただし，見積り特有の不確実性が存在するため，実際の結果はこれら見積りと異なる場合があります。

　当社が特に重要と判断している会計上の見積り及び当該見積りに用いた仮定は以下です。

a. 非金融資産の減損

　当社グループは，資産が減損している可能性を示す兆候のいずれかが存在する場合，資産又は資金生成単位の処分コスト控除後の公正価値と使用価値のいずれか高い金額を回収可能価額として見積り，回収可能価額が資産又は資金生成単位の帳簿価額を下回る場合，当該資産の帳簿価額を回収可能価額まで減額し，減損損失として認識しており，使用価値は見積将来キャッシュ・フローを現在価値に割り引くことにより算出しています。当該キャッシュ・フローは中長期経営計画及び最新の事業計画を基礎としており，これらの計画には鋼材需給の予測及び製造コスト改善等を主要な仮定として織り込んでいます。鋼材需給及び製造コスト改善の予測には高い不確実性を伴い，これらの経営者による判断が将来キャッシュ・フローに重要な影響を及ぼすと予想されます。なお，当期末における有形固定資産の残高は3兆1,836億円，無形資産の残高は1,574億円となっています。

b. 繰延税金資産の回収可能性

　当社グループは，鋼材需給の予測及び製造コスト削減等の仮定に基づいて算定された将来における課税所得の見積り等の予想など，現状入手可能な全ての将来情報を用いて，繰延税金資産の回収可能性を判断しています。当社グループは，税務上の便益が実現する可能性が高いと判断した範囲内でのみ繰延税金資産を認識していますが，経営環境悪化に伴う中長期経営計画及び事業計画の目標未達等による将来における課税所得の見積りの変更や，法定税率の変更を含む税制改正などにより回収可能額が変動する可能性があります。なお，当期末における繰延税金資産（繰延税金負債との相殺前）の残高は3,032億円です。

(point) **財務諸表**

　この項目では，連結ではなく単体の貸借対照表と，損益計算書の内訳を確認することができる。連結＝単体＋子会社なので，会社によっては単体の業績を調べて連結全体の業績予想のヒントにする場合があるが，あまりその必要性がある企業は多くない。

■ 設備の状況

1 設備投資等の概要

　当社及び連結子会社は，各社において必要性を判断し設備投資を行っています。当連結会計年度の設備投資（有形固定資産・無形資産（プロセスコンピュータシステム等）の受入ベースの数値）の内訳は次のとおりです。

	当連結会計年度	前期比
製鉄	423,619 百万円	5 %増
エンジニアリング	1,917 〃	3 %減
ケミカル＆マテリアル	10,534 〃	40 %増
システムソリューション	3,727 〃	56 %減
計	439,798 〃	5 %増
調整額	△2,175 〃	－
合計	437,622 〃	7 %増

　製鉄事業においては，「戦略商品への積極投資による注文構成の高度化」，「技術力を確実に収益に結びつけるための設備新鋭化」，「商品と設備の取捨選択による生産体制のスリム化・効率化」を基本方針に，計画的かつ着実な基盤強化対策の推進と競争力強化施策を，長期更新計画に基づき効率的に実行してまいります。

2 主要な設備の状況

（1） 提出会社 ・・・

（2023年3月31日現在）

（単位百万円）

事業所名 （所在地）	セグメントの 名称	設備の内容	建物及び 構築物	機械装置 及び運搬具	工具、器具 及び備品	土地 （面積千㎡）	建設 仮勘定	計	従業 員数 （人）
本社等 （東京都千代田区等）	製鉄	研究開発設備、 その他設備	58,007	2,070	3,877	97,587 (3,049) [0]	62,327	223,870	4,202
北日本製鉄所 （北海道室蘭市、岩手 県釜石市）	〃	条鋼製造設備	33,267	40,067	2,622	8,308 (11,178) [122]	2,523	86,788	1,256
東日本製鉄所 （茨城県鹿嶋市、千葉 県君津市及び新潟県上 越市）	〃	条鋼・鋼板・ 鋼管・ステンレ ス・チタン製品 製造設備	136,531	216,651	12,016	150,751 (21,904) [158]	23,103	539,054	6,429
名古屋製鉄所 （愛知県東海市）	〃	鋼板・鋼管製造 設備	43,195	174,000	4,652	14,873 (6,489) [0]	19,604	256,327	3,130
関西製鉄所 （和歌山県和歌山市、 同県海南市、大阪府堺 市、同府大阪市及び兵 庫県尼崎市）	〃	鋼片・条鋼・ 鋼板・鋼管・ 交通産機品製造 設備	81,557	116,566	8,350	85,305 (7,758) [122]	7,786	299,566	5,011
瀬戸内製鉄所 （兵庫県姫路市、広島 県呉市、大阪府堺市、 愛媛県西条市、大阪府 大阪市及び兵庫県尼崎 市）	〃	鋼板製造設備	18,419	57,700	4,924	23,568 (9,255) [72]	19,787	124,400	2,738
九州製鉄所 （福岡県北九州市、大 分県大分市及び山口県 光市）	〃	条鋼・鋼板・ 鋼管・チタン製 品製造設備	136,361	277,964	11,227	82,885 (23,588) [0]	16,623	525,063	5,565
計			507,339	885,021	47,671	463,280 (83,223) [501]	151,757	2,055,070	28,331

（注）1　土地（面積千m²）の欄中 [ ] 内は、連結会社以外の者から賃借している土地の面積（千m²）であり
外数で表している。

2　本社等の欄には、技術開発本部、支社・支店及び海外事務所を含む。

3　上表には福利厚生施設が含まれている。

(2) 国内子会社 ···

（2023 年 3 月 31 日現在）

（単位百万円）

会社名	事業所名（所在地）	セグメントの名称	設備の内容	建物及び構築物	機械装置及び運搬具	工具、器具及び備品	土地（面積千㎡）	建設仮勘定	計	従業員数（人）
山陽特殊製鋼㈱	本社工場（兵庫県姫路市）	製鉄	鋼材製造設備、粉末製造設備、素形材製造設備	12,303	39,722	1,962	7,285 (804) [5]	4,622	65,896	1,506
日鉄鋼板㈱	船橋製造所（千葉県船橋市）等	〃	鋼板表面処理設備	9,794	4,506	726	18,706 (756) [43]	298	34,032	1,339
大阪製鐵㈱	大阪事業所（大阪府大阪市及び同府堺市）等	〃	製鋼・圧延設備	4,902	13,346	1,855	30,352 (582) [34]	2,054	52,512	559
黒崎播磨㈱	本社及び八幡製造所（福岡県北九州市）等	〃	耐火物生産設備	9,821	6,486	891	5,870 (1,126) [17]	930	24,001	2,402
日鉄テックスエンジ㈱	君津支店（千葉県君津市）等	〃	鉄鋼製品加工用設備	14,346	5,814	1,129	16,214 (1,060) [40]	964	38,468	10,151
日鉄ステンレス㈱	山口製造所（山口県光市及び同県周南市）等	〃	ステンレス鋼製造設備	26,436	40,479	2,763	19,902 (3,586)	3,033	92,616	2,661
日鉄物流㈱	本社（東京都中央区）等	〃	船舶等	3,940	4,961	647	6,476 (218) [9]	398	16,425	786
日鉄エンジニアリング㈱	北九州技術センター（福岡県北九州市）等	エンジニアリング	総合工事業用設備	3,264	1,358	732	1,048 (658)	188	6,592	1,648
日鉄ケミカル&マテリアル㈱	九州製造所（福岡県北九州市）等	ケミカル&マテリアル	化学品、コールケミカル製品及び機能材料等の製造設備	11,841	10,146	1,565	9,920 (473)	1,735	35,210	1,366
日鉄ソリューションズ㈱	本社（東京都港区）等	システムソリューション	データセンター設備、コンピュータ及び関連機器	8,058	0	6,817	2,398 (10)	461	17,736	3,581

（注） 1　土地（面積千㎡）の欄中 [ ]内は，連結会社以外の者から賃借している土地の面積（千㎡）であり
外数で表している。

2　上表には福利厚生施設が含まれている。

（3） 在外子会社 ···

（2023年3月31日現在）

（単位百万円）

会社名	事業所名 （所在地）	セグメントの名称	設備の内容	建物及び構築物	機械装置及び運搬具	工具、器具及び備品	土地 （面積千㎡）	建設仮勘定	計	従業員数 （人）
PT KRAKATAU NIPPON STEEL SYNERGY	本社工場 （インドネシア国チレゴン市）	製鉄	冷延鋼板、溶融亜鉛めっき鋼板製造設備	5,359	17,724	179	3,756 (184)	420	27,439	293
NS-Siam United Steel Co.,Ltd.	ラヨン工場 （タイ国ラヨン県）	〃	冷延鋼板、めっき鋼板製造設備	2,853	20,074	237	3,366 (414)	3,503	30,035	1,491
Ovako AB	ホーフォーシュ工場 （スウェーデン国ホーフォーシュ市）等	〃	製鋼・圧延設備	5,208	24,554	―	1,855 (7,014)	3,753	35,372	2,714
G STEEL PUBLIC COMPANY LIMITED	ラヨン工場 （タイ国ラヨン県）	〃	電炉・熱延設備	2,677	19,168	29	1,633 (687)	―	23,508	650
G J STEEL PUBLIC COMPANY LIMITED	チョンブリー工場 （タイ国チョンブリー県）	〃	電炉・熱延設備	5,530	22,392	242	3,862 (1,043)	620	32,649	654

3　設備の新設，除却等の計画

　当社及び連結子会社の設備投資につきましては，設備支出最適化，将来の需要予測，生産計画等を総合的に勘案して計画しています。設備計画は原則的に各社が策定しています。次連結会計年度における設備の新設，改修等に係る投資額は4,500億円程度を予定しています。

　重要な設備の新設，除却等の計画は，以下のとおりです。

新設

会社名 事業所名	所在地	セグメントの名称	設備の内容	投資予定金額 （億円） 総額	既支払額	資金調達方法	着手及び完了予定 着手	完了	能力等
当社 名古屋製鉄所	愛知県東海市	製鉄	次世代熱延設備	2,700	473	自己資金及び借入金等	2022年5月	2026年度第1四半期	600万t/年

改修

会社名 事業所名	所在地	セグメントの名称	設備の内容	投資予定金額 （億円） 総額	既支払額	資金調達方法	着手及び完了予定 着手	完了	能力等
当社 東日本製鉄所	千葉県君津市	製鉄	第3コークス炉（付帯設備を含む）	390	16	自己資金及び借入金等	2022年2月	2026年度上半期	70万t/年
当社 九州製鉄所	大分県大分市	製鉄	第2コークス炉（付帯設備を含む）	500	1	自己資金及び借入金等	2022年6月	2025年度下半期	80万t/年

＊名古屋製鉄所の第3コークス炉本体については，2021年度から稼働を開始している。

1 株式等の状況

(1) 株式の総数等 ··

① 株式の総数

種類	発行可能株式総数(株)
普通株式	2,000,000,000
計	2,000,000,000

② 発行済株式

種類	事業年度末現在発行数(株)(2023年3月31日)	提出日現在発行数(株)(2023年6月23日)	上場金融商品取引所名又は登録認可金融商品取引業協会名	内容
普通株式	950,321,402	950,321,402	東京証券取引所 プライム市場 名古屋証券取引所 プレミア市場 福岡、札幌各証券取引所	完全議決権株式 単元株式数は100株です。
計	950,321,402	950,321,402	—	—

1 連結財務諸表及び財務諸表の作成方法について ·································

（1） 当社の連結財務諸表は,「連結財務諸表の用語, 様式及び作成方法に関する規則」（昭和51年大蔵省令第28号。以下,「連結財務諸表規則」という。）第93条の規定により, 国際会計基準（以下,「IFRS」という。）に準拠して作成しております。

（2） 当社の財務諸表は,「財務諸表等の用語, 様式及び作成方法に関する規則」（昭和38年大蔵省令第59号。以下,「財務諸表等規則」という。）に基づいて作成しております。

　また, 当社は, 特例財務諸表提出会社に該当し, 財務諸表等規則第127条の規定により財務諸表を作成しております。

2 監査証明について ···

　当社は, 金融商品取引法第193条の2第1項の規定に基づき, 連結会計年度（2022年4月1日から2023年3月31日まで）の連結財務諸表及び事業年度（2022年4月1日から2023年3月31日まで）の財務諸表について, 有限責任あずさ監査法人により監査を受けています。

3 連結財務諸表等の適正性を確保するための特段の取組み及びIFRSに基づいて連結財務諸表等を適正に作成することができる体制の整備について ··········

　当社は, 連結財務諸表等の適正性を確保するための特段の取組み及びIFRSに基づいて連結財務諸表等を適正に作成することができる体制の整備を行っております。その内容は以下のとおりです。

（1） 会計基準等の内容を適切に把握できる体制を整備するため, 公益財団法人財務会計基準機構へ加入し, セミナーへ参加しております。

（2） IFRSの適用については, 国際会計基準審議会が公表するプレスリリースや基準書を随時入手し, 最新の基準の把握を行っております。また, IFRSに基づく適正な連結財務諸表等を作成するために, IFRSに準拠したグループ会計方針及び会計指針を作成し, それらに基づいて会計処理を行っております。

(1) 連結財務諸表 ·····································

① 連結財政状態計算書

(単位：百万円)

	注記番号	前連結会計年度 (2022年3月31日)	当連結会計年度 (2023年3月31日)
資産			
流動資産			
現金及び現金同等物	8 32	551,049	670,410
営業債権及びその他の債権	9 32 33	939,406	1,062,384
棚卸資産	10	1,756,589	2,085,971
その他の金融資産	32	41,357	28,176
その他の流動資産		226,253	223,575
流動資産合計		3,514,655	4,070,518
非流動資産			
有形固定資産	11 12 29	3,052,640	3,183,638
使用権資産	14	78,162	83,935
のれん	7 13 29	61,741	65,062
無形資産	13 29	130,497	157,444
持分法で会計処理されている投資	15 29	1,079,068	1,210,542
その他の金融資産	32	548,283	528,794
退職給付に係る資産	19	123,563	124,628
繰延税金資産	16	158,031	136,349
その他の非流動資産		5,701	6,185
非流動資産合計		5,237,691	5,496,581
資産合計		8,752,346	9,567,099
負債及び資本			
負債			
流動負債			
営業債務及びその他の債務	17 32	1,526,719	1,592,137
社債、借入金及びリース負債	11 14 18 32	344,056	403,028
その他の金融負債	32	1,042	5,878
未払法人所得税等		109,958	51,917
その他の流動負債		36,852	40,839
流動負債合計		2,018,630	2,093,802
非流動負債			
社債、借入金及びリース負債	11 14 18 32	2,309,339	2,296,322
その他の金融負債	32	1,207	323
退職給付に係る負債	19	188,350	185,441
繰延税金負債	16	39,805	37,685
その他の非流動負債	32	298,005	307,105
非流動負債合計		2,836,707	2,826,879
負債合計		4,855,337	4,920,682
資本			
資本金	20	419,524	419,524
資本剰余金	20	393,547	399,366
利益剰余金	20	2,514,775	3,079,144
自己株式	20	△57,977	△58,054
その他の資本の構成要素		196,928	341,173
親会社の所有者に帰属する持分合計		3,466,799	4,181,155
非支配持分		430,209	465,261
資本合計		3,897,008	4,646,417
負債及び資本合計		8,752,346	9,567,099

②　連結損益計算書及び連結包括利益計算書

連結損益計算書

（単位：百万円）

	注記番号	前連結会計年度 （自　2021年4月1日 至　2022年3月31日）	当連結会計年度 （自　2022年4月1日 至　2023年3月31日）
売上収益	22　33	6,808,890	7,975,586
売上原価	19　24	△5,587,331	△6,682,028
売上総利益		1,221,559	1,293,557
販売費及び一般管理費	19　23　24 33	△544,725	△579,411
持分法による投資利益	15	214,480	102,915
その他収益	25	128,417	181,497
その他費用	25	△81,601	△82,102
事業利益	26	938,130	916,456
事業再編損	27	△97,229	△32,810
営業利益		840,901	883,646
金融収益	28	1,928	8,091
金融費用	28	△26,245	△24,888
税引前利益		816,583	866,849
法人所得税費用	16	△149,052	△128,117
当期利益		667,530	738,732
当期利益の帰属			
親会社の所有者		637,321	694,016
非支配持分		30,209	44,715
当期利益		667,530	738,732
1株当たり親会社の普通株主に帰属する 当期利益（円）	31		
基本的1株当たり当期利益（円）		692.16	753.66
希薄化後1株当たり当期利益（円）		657.48	671.89

連結包括利益計算書

（単位：百万円）

	注記番号	前連結会計年度 （自　2021年4月1日 至　2022年3月31日）	当連結会計年度 （自　2022年4月1日 至　2023年3月31日）
当期利益		667,530	738,732
その他の包括利益	30		
純損益に振り替えられることのない項目			
その他の包括利益を通じて公正価値で測定される金融資産の公正価値の純変動		△7,962	32,577
確定給付負債（資産）の純額の再測定		14,324	16,567
持分法適用会社におけるその他の包括利益に対する持分	15	5,293	1,355
純損益に振り替えられることのない項目合計		11,655	50,500
純損益に振り替えられる可能性のある項目			
キャッシュ・フロー・ヘッジの公正価値の純変動		11,995	△7,779
在外営業活動体の換算差額		56,497	88,768
持分法適用会社におけるその他の包括利益に対する持分	15	68,663	56,700
純損益に振り替えられる可能性のある項目合計		137,156	137,688
その他の包括利益（税引後）合計		148,811	188,188
当期包括利益合計		816,342	926,920
当期包括利益の帰属			
親会社の所有者		779,815	874,564
非支配持分		36,526	52,356
当期包括利益合計		816,342	926,920

③ 連結持分変動計算書

前連結会計年度（自　2021年4月1日　至　2022年3月31日）

（単位：百万円）

	注記番号	資本金	資本剰余金	利益剰余金	自己株式	その他の包括利益を通じて公正価値で測定される金融資産の公正価値の純変動	確定給付負債（資産）の純額の再測定
						親会社の所有者に帰属する持分 ／ その他の資本の構成要素	
期首残高		419,524	393,168	1,910,333	△58,342	207,300	－
当期変動額							
当期包括利益							
当期利益				637,321			
その他の包括利益	30					△3,091	15,110
当期包括利益合計		－	－	637,321	－	△3,091	15,110
所有者との取引額等							
配当	21			△73,757			
自己株式の取得	20				△66		
自己株式の処分	20		0		19		
支配継続子会社に対する持分変動			△288				
その他の資本の構成要素から利益剰余金への振替				40,877		△25,766	△15,110
連結範囲の変更に伴う変動等			667		411		
所有者との取引額等合計		－	379	△32,880	365	△25,766	△15,110
期末残高		419,524	393,547	2,514,775	△57,977	178,442	－

	注記番号	キャッシュ・フロー・ヘッジの公正価値の純変動	在外営業活動体の換算差額	合計	合計	非支配持分	資本合計
		親会社の所有者に帰属する持分 ／ その他の資本の構成要素					
期首残高		3,397	△115,385	95,311	2,759,996	371,390	3,131,387
当期変動額							
当期包括利益							
当期利益				－	637,321	30,209	667,530
その他の包括利益	30	55,455	75,019	142,494	142,494	6,317	148,811
当期包括利益合計		55,455	75,019	142,494	779,815	36,526	816,342
所有者との取引額等							
配当	21			－	△73,757	△6,805	△80,562
自己株式の取得	20			－	△66		△66
自己株式の処分	20			－	20		20
支配継続子会社に対する持分変動				－	△288	△361	△649
その他の資本の構成要素から利益剰余金への振替				△40,877	－		－
連結範囲の変更に伴う変動等				－	1,078	29,459	30,537
所有者との取引額等合計		－	－	△40,877	△73,012	22,292	△50,720
期末残高		58,852	△40,366	196,928	3,466,799	430,209	3,897,008

（単位：百万円）

	注記番号	親会社の所有者に帰属する持分					
						その他の資本の構成要素	
		資本金	資本剰余金	利益剰余金	自己株式	その他の包括利益を通じて公正価値で測定される金融資産の公正価値の純変動	確定給付負債（資産）の純額の再測定
期首残高		419,524	393,547	2,514,775	△57,977	178,442	—
当期変動額							
当期包括利益							
当期利益				694,016			
その他の包括利益	30					38,476	14,289
当期包括利益合計		—	—	694,016	—	38,476	14,289
所有者との取引額等							
配当	21			△165,950			
自己株式の取得	20				△69		
自己株式の処分	20		0		2		
支配継続子会社に対する持分変動			5,818				
その他の資本の構成要素から利益剰余金への振替				36,302		△22,012	△14,289
連結範囲の変更に伴う変動等					△11		
所有者との取引額等合計		—	5,819	△129,647	△77	△22,012	△14,289
期末残高		419,524	399,366	3,079,144	△58,054	194,905	—

	注記番号	親会社の所有者に帰属する持分				非支配持分	資本合計
		その他の資本の構成要素			合計		
		キャッシュ・フロー・ヘッジの公正価値の純変動	在外営業活動体の換算差額	合計			
期首残高		58,852	△40,366	196,928	3,466,799	430,209	3,897,008
当期変動額							
当期包括利益							
当期利益				—	694,016	44,715	738,732
その他の包括利益	30	33,846	93,935	180,547	180,547	7,641	188,188
当期包括利益合計		33,846	93,935	180,547	874,564	52,356	926,920
所有者との取引額等							
配当	21			—	△165,950	△10,235	△176,186
自己株式の取得	20			—	△69		△69
自己株式の処分	20			—	3		3
支配継続子会社に対する持分変動				—	5,818	△7,346	△1,528
その他の資本の構成要素から利益剰余金への振替				△36,302	—		—
連結範囲の変更に伴う変動等				—	△11	278	266
所有者との取引額等合計		—	—	△36,302	△160,208	△17,304	△177,512
期末残高		92,699	53,568	341,173	4,181,155	465,261	4,646,417

④ 連結キャッシュ・フロー計算書

（単位：百万円）

	注記番号	前連結会計年度 （自　2021年4月1日 至　2022年3月31日）	当連結会計年度 （自　2022年4月1日 至　2023年3月31日）
営業活動によるキャッシュ・フロー			
税引前利益		816,583	866,849
減価償却費及び償却費		330,611	340,171
減損損失		21,500	―
金融収益		△1,928	△8,091
金融費用		26,245	24,888
持分法による投資損益（△は益）		△214,480	△102,915
事業再編損		97,229	32,810
営業債権及びその他の債権の増減額 　（△は増加）		△116,242	△81,796
棚卸資産の増減額（△は増加）		△383,438	△309,525
営業債務及びその他の債務の増減額 　（△は減少）		211,354	58,431
その他		△110,687	△2,038
小計		676,747	818,783
利息の受取額		1,890	7,588
配当金の受取額		44,905	70,911
利息の支払額		△21,899	△21,575
法人所得税の支払額		△86,008	△214,433
営業活動によるキャッシュ・フロー		615,635	661,274
投資活動によるキャッシュ・フロー			
有形固定資産及び無形資産の取得による 　支出		△466,902	△470,018
有形固定資産及び無形資産の売却による 　収入		70,251	15,483
投資有価証券の取得による支出		△9,267	△6,981
投資有価証券の売却による収入		81,717	88,698
関係会社株式の売却による収入		3,898	5,231
連結の範囲の変更を伴う子会社株式の取得 　による支出	7	△48,950	△735
事業譲受による支出		―	△4,369
貸付による支出		△3,150	△3,977
貸付金の回収による収入		1,062	1,730
その他		△7,524	8,358
投資活動によるキャッシュ・フロー		△378,866	△366,580
財務活動によるキャッシュ・フロー			
短期借入債務の純増減額（△は減少）	18	11,112	27,240
長期借入債務による収入	18	20,322	150,273
長期借入債務の返済による支出	18	△252,478	△207,909
社債の発行による収入	18	300,000	50,000
社債の償還による支出	18	△15,000	△20,000
自己株式の取得による支出		△59	△58
配当金の支払額	21	△73,757	△165,950
非支配持分への配当金の支払額		△6,805	△10,235
非支配持分からの払込による収入		2,888	1,922
連結の範囲の変更を伴わない子会社株式の 　取得による支出		―	△1,843
その他		△47,528	△21,094
財務活動によるキャッシュ・フロー		△61,304	△197,655
現金及び現金同等物に係る換算差額		16,119	22,322
現金及び現金同等物の増減額（△は減少）		191,583	119,361
現金及び現金同等物の期首残高		359,465	551,049
現金及び現金同等物の期末残高	8	551,049	670,410

【連結財務諸表注記】

1　報告企業 ···

　日本製鉄株式会社（以下，当社）は，日本に所在する株式会社である。2023年3月31日に終了する当社の連結財務諸表は，当社及び連結子会社並びに持分法適用関連会社及び共同支配に関する取決めに対する持分から構成されている。当社グループの事業体制は，製鉄事業，エンジニアリング事業，ケミカル＆マテリアル事業及びシステムソリューション事業であり，詳細については，「6　事業セグメント」に記載している。

2　作成の基礎 ···
（1）　連結財務諸表がIFRSに準拠している旨 ··

　当社の連結財務諸表は，連結財務諸表規則第1条の2に掲げる「指定国際会計基準特定会社」の要件を満たすことから，IFRSに準拠して作成している。

（2）　測定の基礎 ···

　当社の連結財務諸表は，注記「3　重要な会計方針」に記載されている公正価値で測定されている特定の金融商品等を除き，取得原価を基礎として作成している。

（3）　機能通貨及び表示通貨 ··

　連結財務諸表は当社の機能通貨である円（百万円単位，単位未満切り捨て）で表示している。

（4）　表示方法の変更 ···

（連結キャッシュ・フロー計算書関係）

　前連結会計年度において，独立掲記していた「投資活動によるキャッシュ・フロー」の「関係会社株式の取得による支出」（前連結会計年度△4,064百万円），「連結の範囲の変更を伴う子会社株式の売却による収入（△は支出）」（前連結会計年度△6,170百万円）は，重要性が乏しくなったため，当連結会計年度より「投資活動によるキャッシュ・フロー」の「その他」に含めて表示することとした。この表示方法の変更を反映させるため，前連結会計年度の連結財務諸表の組替えを行っている。

（5）　連結財務諸表の承認 ………………………………………………

　連結財務諸表は，2023年6月23日に，当社代表取締役社長橋本英二によって承認されている。

3　重要な会計方針 …………………………………………………………
（1）　連結の基礎 …………………………………………………………
①　子会社

　子会社は，当社グループが支配する企業である。支配とは，投資先への関与により生じる変動リターンに対するエクスポージャー又は権利を有し，かつ，その投資先に対するパワーを通じてそれらのリターンに影響を及ぼす能力を有している場合をいう。

　子会社の財務諸表は，支配獲得日から支配喪失日までの間，連結財務諸表に含まれている。支配を喪失した場合には，支配の喪失に関連した利得及び損失を純損益で認識している。支配の喪失を伴わない当社グループの持分変動は，資本取引として会計処理し，非支配持分の修正額と支払又は受取対価の公正価値との差額を資本に直接認識し，親会社の所有者に帰属させている。

　子会社が適用する会計方針が当社グループの会計方針と異なる場合には，必要に応じて当社グループの会計方針と整合させるため当該子会社の財務諸表に調整を加えている。当社グループ内の債権債務残高，取引高，及びグループ会社間取引によって発生した未実現損益は，全額を相殺消去している。ただし，未実現損失については，回収不能と認められる部分は消去していない。

②　関連会社に対する投資

　関連会社とは，当社グループが投資先の財務及び経営の方針決定等に対し，支配には至らないものの重要な影響力を有している企業である。通常，当社グループが投資先の議決権の20％以上50％以下を保有する場合には，原則として該当する企業に対して重要な影響力を有していると推定される。保有状況のほかにも経営機関への参画等の諸要素を総合的に勘案し，重要な影響力を行使し得る場合には関連会社に含めている。

　関連会社に対する投資は，当社グループが重要な影響力を有することとなった

日からその影響力を喪失する日まで，持分法を用いて会計処理している。持分法では，当初認識時に関連会社に対する投資は取得原価で認識され，投資日における投資が，これに対応する被投資会社の資本を超える場合には，当該差額はのれんとして投資の帳簿価額に含めている。それ以降は投資先である関連会社の純損益及びその他の包括利益の持分の変動に応じて当社グループ持分相当額を認識している。損失に対する当社グループの負担が，持分法適用会社に対する投資を上回った場合には，当該投資の帳簿価額をゼロまで減額し，当社グループが持分法適用会社に代わって債務を負担又は支払を行う場合を除き，それ以上の損失を認識していない。

関連会社に該当しなくなり，持分法の適用を中止した場合には，持分法の適用を中止したことから生じた利得又は損失を純損益として認識している。

関連会社に対する投資の帳簿価額の一部を構成するのれんは区別して認識されないため，個別に減損テストを行っていない。その代わり，関連会社に対する投資額が減損している可能性が示唆される場合には，投資全体の帳簿価額について減損テストを行っている。減損については「(10) 非金融資産の減損」に記載のとおりである。

③　**共同支配の取決め**

共同支配の取決めとは，複数の当事者が共同支配を有する取決めをいう。当社グループは共同支配の取決めへの関与を，当該取決めの当事者の権利及び義務に応じて，共同支配事業（共同支配を行う参加者が，契約上の取決めに関連する資産に対する権利及び負債に係る義務を有するもの）と共同支配企業（取決めに対して契約上合意された支配を共有し，関連性のある活動に関する意思決定が，支配を共有している当事者の全員一致の合意を必要とし，かつ，当社グループが当該取決めの純資産に対する権利を有しているもの）に分類している。共同支配事業については，共同支配の営業活動から生じる資産，負債，収益及び費用のうち，連結会社の持分相当額のみを認識している。共同支配企業については，持分法を用いて会計処理している。

④　**連結の範囲・持分法等の適用に関する事項**

連結子会社の数360社主要な連結子会社の名称については，「第1企業の概況

4　関係会社の状況」に記載している。なお，当連結会計年度より2社を新たに連結の範囲に加えている。その要因は新規設立（1社），取得（1社）である。また，20社を連結の範囲から除外している。その要因は清算（11社），合併（7社）等である。

　持分法適用関連会社等（関連会社・共同支配事業・共同支配企業）の数97社主要な持分法適用関連会社等の名称については，「第1企業の概況4関係会社の状況」に記載している。なお，当連結会計年度より関連会社8社を持分法適用の範囲から除外している。

(2)　企業結合 ···

　企業結合は，支配が獲得された時点で取得法を用いて会計処理している。被取得企業における識別可能資産及び負債は，取得日の公正価値で認識している。

　当社グループは，取得対価及び被取得企業の非支配持分の金額の合計額が，支配獲得日における被取得企業の識別可能な取得資産から引受負債を差し引いた正味金額を上回る場合には，その超過額をのれんとして認識している。反対に下回る場合には，その下回る金額を純損益として認識している。

　移転された対価は，取得企業が移転した資産，取得企業に発生した被取得企業の旧所有者に対する負債及び取得企業が発行した資本持分の公正価値の合計で算定される。なお，段階取得の場合には当社グループが支配獲得日以前に保有していた被取得企業の資本持分の公正価値を含む。

　取得関連費用は，発生した期間において費用として認識している。非支配持分は，個々の企業結合取引ごとに，公正価値又は被取得企業の識別可能な純資産に対する非支配持分の比例的持分として測定している。当社グループは，純損益及びその他の包括利益の各内訳項目を，当社の所有者と非支配持分に帰属させている。

(3)　外貨換算 ···
①　機能通貨及び表示通貨
　当社グループの各企業の個々の財務諸表は，その企業が事業活動を行う主たる

経済環境の通貨である機能通貨で表示している。当社グループの連結財務諸表は，当社の機能通貨である日本円を表示通貨としている。

② 外貨建取引

外貨建取引は，取引日における直物為替レートまたそれに近似するレートを用いて当社グループの各機能通貨に換算している。

各報告期間の末日において，外貨建の貨幣性項目は，各報告期間の末日現在の為替レートで機能通貨に換算している。取得原価で測定される外貨建の非貨幣性項目は，取引日の為替レートにより機能通貨に換算している。公正価値で測定される外貨建の非貨幣性項目は，公正価値が決定された日の為替レートにより機能通貨に換算している。当該換算及び決済により生じる換算差額は，その他の包括利益として認識する場合を除き，純損益として認識している。

③ 在外営業活動体

表示通貨とは異なる機能通貨を使用しているすべての在外営業活動体の業績及び財政状態は，下記の方法で表示通貨に換算している。

（ⅰ）　資産と負債は，期末日現在の決算日レートで換算

（ⅱ）　収益及び費用は，平均レートで換算

（ⅲ）　結果として生じるすべての為替差額はその他の包括利益で認識

在外営業活動体の処分時には，その他の包括利益に認識された為替差額は利得又は損失として純損益に振り替えている。

(4) 金融商品 ....

① デリバティブを除く金融資産

（ⅰ） 認識及び測定

当社グループは，契約の当事者となった時点で金融資産を認識している。通常の方法で売買される金融資産は取引日に認識している。当社グループは，デリバティブを除く金融資産を，償却原価で測定される金融資産，その他の包括利益を通じて公正価値で測定される金融資産に分類しており，当初認識時において分類を決定している。

償却原価で測定される金融資産及びその他の包括利益を通じて公正価値で測定

される金融資産は，取得に直接起因する取引コストを公正価値に加算した金額で当初認識している。ただし，重大な金融要素を含まない営業債権は取引価格で当初認識している。

(a) 償却原価で測定される金融資産

　契約上のキャッシュ・フローを回収するために金融資産を保有することを目的とする事業モデルに基づいて金融資産が保有されていること，また契約条件により，元本及び元本残高に対する利息の支払のみであるキャッシュ・フローが特定の日に生じることという条件がともに満たされる場合にのみ，償却原価で測定される金融資産に分類している。

(b) その他の包括利益を通じて公正価値で測定される金融資産

　投資先との取引関係の維持又は強化等を主な目的として保有する株式などの資本性金融商品について，その保有目的に鑑み，当初認識時にその他の包括利益を通じて公正価値で測定される金融資産に指定している。

　その他の包括利益を通じて公正価値で測定される金融資産は，当初認識後の公正価値の変動をその他の包括利益として認識している。金融資産の認識を中止した場合又は公正価値が著しく下落した場合には，その他の包括利益を通じて認識された利得又は損失の累計額を利益剰余金に振り替えている。なお，その他の包括利益を通じて公正価値で測定される金融資産から生じる配当金については，配当を受領する権利が確立された時点で純損益として認識している。

(ⅱ) 認識の中止

　金融資産から生じるキャッシュ・フローに対する契約上の権利が消滅した場合，あるいは金融資産を譲渡し，実質的に所有に伴うすべてのリスクと経済価値のほとんどすべてを他の企業に移転した場合に，金融資産の認識を中止している。

(ⅲ) 償却原価で測定される金融資産の減損

　当社グループは，償却原価で測定される金融資産の減損の認識に関し，期末日ごとに予想信用損失の見積りを行っている。営業債権及び当初認識後に信用リスクが著しく増大している金融商品については，全期間の予想信用損失を見積り，貸倒引当金として認識・測定している。信用リスクが著しく増大しているかどうかは，債務不履行発生リスクの変動に基づき判断しており，債務不履行発生リス

クに変動があるかどうかの判断にあたっては，以下を考慮している。

- ・発行体又は債務者の著しい財政状態の悪化
- ・利息又は元本の支払不履行又は延滞などの契約違反
- ・債務者が破産又は他の財務的再編成に陥る可能性が高くなったこと

② **デリバティブを除く金融負債**

（ⅰ） **認識及び測定**

当社グループは，デリバティブを除く金融負債について，償却原価で測定している。

（ⅱ） **認識の中止**

当社グループは、契約上の義務が免責、取消し又は失効となった時に、金融負債の認識を中止している。

③ **金融商品の相殺**

金融資産及び金融負債は，認識された金額を相殺する法的に強制力のある権利を有しており，かつ，純額で決済するか，資産の実現と負債の決済を同時に実行する意図を有する場合にのみ相殺し，連結財政状態計算書において純額で表示している。

④ **デリバティブ及びヘッジ会計**

当社グループは，為替変動リスク，金利変動リスク等をヘッジする目的で為替予約，金利スワップ，通貨スワップ等のデリバティブを利用している。これらのデリバティブは，契約が締結された時点の公正価値で当初認識され，その後も公正価値で事後測定している。

デリバティブの公正価値の変動は純損益に認識している。ただし，キャッシュ・フロー・ヘッジの有効部分はその他の包括利益として認識している。

当社グループは，ヘッジ手段とヘッジ対象の関係，リスク管理目的及び種々のヘッジ取引の実施に関する戦略について「金融取引及びデリバティブ取引に係る規程・規則」として正式に文書化している。当該規程にてデリバティブ取引は事業活動の一環（当社事業活動により現実に行われる取引のリスクヘッジの目的）としての取引（予定取引を含む）に限定し実施することとしており，トレーディング目的（デリバティブ自体の売買により利益を得る目的）での取引は一切行わ

ない方針としている。

　なお，当社グループは，ヘッジ取引に使用されているデリバティブがヘッジ対象の公正価値又はキャッシュ・フローの変動を高い程度で相殺しているか否かについて，ヘッジ取引開始時及びそれ以降も継続的に評価している。

　ヘッジ会計に関する要件を満たすヘッジは，次のように分類し，会計処理している。

（ⅰ）　公正価値ヘッジ

　ヘッジ手段であるデリバティブの公正価値の変動は，純損益として認識している。ヘッジ対象の公正価値の変動は，ヘッジ対象の帳簿価額を調整するとともに，純損益として認識している。

（ⅱ）　キャッシュ・フロー・ヘッジ

　ヘッジ手段であるデリバティブの公正価値の変動額のうち，有効な部分はその他の包括利益にて認識し，非有効部分は純損益に認識している。

　その他の包括利益に認識されたヘッジ手段に係る金額は，ヘッジ対象である取引が純損益に影響を与える時点で純損益に振り替えている。ヘッジ対象が非金融資産又は非金融負債の認識を生じさせるものである場合には，その他の資本の構成要素として認識されている金額は，非金融資産又は非金融負債の当初の帳簿価額の修正として振り替えている。

⑤　複合金融商品

　当社グループが発行した複合金融商品は，保有者の選択により株主資本に転換可能である転換社債型新株予約権付社債である。複合金融商品の負債要素は，資本への転換オプションがない類似の負債の公正価値により当初認識している。資本要素は，複合金融商品全体の公正価値と負債要素の公正価値との差額として当初認識している。取引に直接関連する費用は，負債部分と資本部分のそれぞれ当初の帳簿価額に比例して按分している。

　当初認識後，複合金融商品の負債部分は実効金利法を用いて償却原価で測定している。複合金融商品の資本部分は，当初認識後の再測定は行っていない。

(5)　現金及び現金同等物 ···

　現金及び現金同等物は，手許現金，随時引き出し可能な預金及び容易に換金可能であり，かつ価値の変動について僅少なリスクしか負わない取得日から3カ月以内に償還期限の到来する短期投資から構成されている。

(6)　棚卸資産 ··

　棚卸資産は，取得原価と正味実現可能価額のうち，いずれか低い方の金額で測定している。取得原価は，主として総平均法に基づいて算定し，購入原価，加工費及び，現在の場所及び状態に至るまでに要したすべての費用を含んでいる。正味実現可能価額は，通常の事業の過程における見積売価から，完成までに要する原価の見積額及び販売に要するコストの見積額を控除したものをいう。

(7)　有形固定資産 ··
①　認識及び測定

　有形固定資産は，原価モデルを採用し，取得原価から減価償却累計額及び減損損失累計額を控除した金額で表示している。

　有形固定資産の取得原価には，当該資産の取得に直接関連する費用，解体，除去及び原状回復費用が含まれている。

②　減価償却

　土地等の減価償却を行わない有形固定資産を除き，各資産の取得原価から残存価額を差し引いた償却可能限度額をもとに，有形固定資産の各構成要素の見積耐用年数にわたり主として定額法で減価償却を行っている。主な有形固定資産の見積耐用年数は以下のとおりである。

　　・建物　　　　主として31年
　　・機械装置　主として14年

　減価償却方法，見積耐用年数及び残存価額は，毎期末日に見直しを行い，必要に応じて改定している。

（8） のれん及び無形資産 ··

　無形資産は，原価モデルを採用している。耐用年数を確定できる無形資産は，取得原価から償却累計額及び減損損失累計額を控除した金額で表示している。のれん及び耐用年数を確定できない無形資産は，取得原価から減損損失累計額を控除して表示している。

① のれん

　当社グループは，移転された対価及び被取得企業の非支配持分の金額の合計額が，支配獲得日における被取得企業の識別可能な取得資産から引受負債を差し引いた正味金額を上回る場合には，その超過額をのれんとして認識している。

　のれんは償却を行わず，資金生成単位又は資金生成単位グループに配分している。

　減損については「（10）　非金融資産の減損」に記載のとおりである。

② 無形資産

　個別に取得した無形資産は，当初認識時に取得原価で測定しており，企業結合において取得した無形資産は，取得日現在における公正価値で測定している。また，自己創設の無形資産については，資産化の要件を満たす開発費用を除き，その支出額をすべて発生した期の費用として認識している。

③ 償却

　耐用年数を確定できる無形資産は，当該資産が使用可能な状態になった日から見積耐用年数にわたり，定額法で償却している。償却方法及び見積耐用年数は，毎期末日に見直しを行い，必要に応じて改定している。主な無形資産の見積耐用年数は以下のとおりである。

　・ソフトウェア　主として5年
　・鉱業権　　　　主として25年

　耐用年数を確定できない無形資産，未だ使用可能でない無形資産は償却を行っていない。

（9） リース ··

　契約がリースであるか否か，又は契約にリースが含まれているか否かについて

は，法的にはリースの形態をとらないものであっても，契約の実質に基づき判断している。

当社グループは，リース又は契約にリースが含まれていると判定したリース契約の開始時に使用権資産とリース負債を認識している。リース負債は，リース開始日におけるリース料総額の未決済分の割引現在価値として測定を行っている。使用権資産については，リース負債の当初測定額に当初直接コスト，前払リース料等を調整し，契約に基づき要求される原状回復義務等のコストを加えた額で当初の測定を行っている。使用権資産は，リース期間にわたり主として定額法により減価償却を行っている。金融費用は連結損益計算書上，使用権資産に係る減価償却費と区分して表示している。

なお，当社グループは，リース期間が12か月以内の短期リース及び少額資産リースについて，IFRS第16号の免除規定を適用し，使用権資産及びリース負債を認識しないことを選択している。これらのリースに関連したリース料を，リース期間にわたり主として定額法により費用として認識している。

(10) 非金融資産の減損 ··

当社グループは，棚卸資産及び繰延税金資産等を除く非金融資産について，毎期末日に各資産又は資産が属する資金生成単位に対して減損の兆候の有無を判断している。減損の兆候が存在する場合には，当該資産又は資金生成単位の回収可能価額を見積り，減損テストを実施する。のれん及び耐用年数を確定できない無形資産，並びに未だ使用可能でない無形資産については，少なくとも年1回又は減損の兆候がある場合にはその都度，減損テストを実施している。

資産又は資金生成単位の回収可能価額は，資産又は資金生成単位の処分コスト控除後の公正価値と使用価値のいずれか高い金額としている。個別資産についての回収可能価額の見積りが不可能な場合には，当該資産が属する資金生成単位又は資金生成単位グループの回収可能価額を見積っている。使用価値は，見積将来キャッシュ・フローを現在価値に割り引くことにより算定しており，使用する割引率は，貨幣の時間的価値，及び当該資産に固有のリスクを反映した税引前の割引率を用いている。

当該キャッシュ・フローは中長期経営計画及び最新の事業計画を基礎としており，これらの計画には鋼材需給の予測及び製造コスト改善等を主要な仮定として織り込んでいる。鋼材需給及び製造コスト改善の予測には高い不確実性を伴い，これらの経営者による判断が将来キャッシュ・フローに重要な影響を及ぼすと予想される。

　のれんの減損テストを行う際には，のれんが配分される資金生成単位又は資金生成単位グループは，当該のれんを内部報告目的で管理している最小の単位であり，かつ事業セグメントよりも大きくならないようにしている。全社資産は独立したキャッシュ・インフローを生み出していないため，全社資産に減損の兆候がある場合，当該全社資産が帰属する資金生成単位又は資金生成単位グループの回収可能価額に基づき減損テストを行っている。

　資産又は資金生成単位の回収可能価額が帳簿価額を下回る場合に，当該資産の帳簿価額をその回収可能価額まで減額し，減損損失として認識している。資金生成単位に関連して認識した減損損失は，まず，その単位に配分されたのれんの帳簿価額を減額するように配分し，次に資金生成単位内のその他の資産の帳簿価額を比例的に減額するように配分している。

　のれん以外の非金融資産に係る減損損失の戻入れは，過去の期間に認識した減損損失を戻し入れる可能性を示す兆候が存在し，回収可能価額の見積りを行った結果，回収可能価額が帳簿価額を上回る場合に行っている。戻し入れる金額は，過年度に減損損失を認識した時点から戻入れが発生した時点まで減価償却又は償却を続けた場合における帳簿価額を上限としている。のれんに係る減損損失の戻入れは行っていない。

（11）　従業員給付 ･･･

　従業員給付には，短期従業員給付，退職給付及びその他の長期従業員給付が含まれている。

①　短期従業員給付

　短期従業員給付については，割引計算を行わず，関連するサービスが提供された時点で費用として認識している。

賞与については，当社グループが，従業員から過去に提供された労働の結果として支払うべき現在の法的及び推定的債務を負っており，かつその金額が信頼性をもって見積ることができる場合，それらの制度に基づいて支払われると見積られる額を負債として認識している。

② 退職給付

退職給付制度は，確定給付企業年金制度と確定拠出年金制度，及び退職一時金制度からなっている。退職給付制度の会計処理は以下のとおりである。

（ⅰ）確定給付企業年金制度及び退職一時金制度

確定給付制度に関連する資産又は負債の純額は，確定給付制度債務の現在価値から制度資産の公正価値を控除した金額で認識している。

確定給付制度債務の現在価値は，毎年，年金数理人によって予測単位積増方式を用いて算定している。この算定に用いる割引率は，将来の給付支払見込日までの期間を基に割引期間を設定し，割引期間に対応した期末日時点の優良社債の利回りに基づいている。

数理計算上の差異を含む確定給付負債（資産）の純額の再測定は，発生時に即時にその他の包括利益として認識し，直ちに利益剰余金に振り替えている。過去勤務費用は純損益として認識している。

（ⅱ）確定拠出年金制度

確定拠出年金制度への拠出は，従業員が役務を提供した期間に費用として認識している。

（12）資本 ······································

① 普通株式

普通株式は資本に分類している。普通株式の発行に直接関連して発生した費用（税効果考慮後）を資本から控除して認識している。

② 自己株式

自己株式を取得した場合には，直接関連して発生した費用（税効果考慮後）を含めた支払対価を資本から控除して認識している。自己株式を処分した場合には，受取対価と自己株式の帳簿価額との差額を資本として認識している。

（13） 収益 ···

収益は，次の５つのステップを適用し認識される。

ステップ１：顧客との契約を識別する。

ステップ２：契約における履行義務を識別する。

ステップ３：取引価格を算定する。

ステップ４：契約における履行義務に取引価格を配分する。

ステップ５：履行義務を充足した時に又は充足するにつれて収益を認識する。

製鉄，ケミカル＆マテリアルの各セグメントの売上収益は概ね物品の販売，エンジニアリングセグメントの売上収益は概ね工事契約，システムソリューションセグメントの売上収益は主としてサービスの提供及び工事契約（受注制作によるソフトウェア）によるものである。

① 一時点で充足される履行義務

物品の販売については，当該物品の出荷時点で収益を認識している。これは，当該物品を出荷した時点で当社グループが物理的に占有した状態ではなくなること，顧客に対し請求権が発生すること，法的所有権が顧客に移転すること等から，その時点で顧客が当該物品に対する支配を獲得し，履行義務が充足されるとの判断に基づくものである。

履行義務が一時点で充足されるサービスについては，サービス提供完了時点で収益を認識している。収益は，受領する対価から，値引き及び割戻しを控除した金額で測定している。取引の対価は履行義務を充足してから概ね１年以内に回収している。なお，重大な金融要素は含んでいない。

② 一定期間にわたり充足される履行義務

工事契約及び受注制作のソフトウェアについては，支配が一定期間にわたり移転することから，履行義務の進捗に応じて収益を認識している。進捗度は，原価の発生が工事の進捗度を適切に表すと判断しているため，見積総原価に対する累積実際発生原価の割合で算出している（インプット法）。

履行義務が一定期間にわたり充足されるサービスについては，サービス提供期間にわたり定額で収益を認識している。

(14) 法人所得税 ···

　法人所得税は，当期税金と繰延税金から構成されている。これらは，直接資本又はその他の包括利益で認識される項目を除き，純損益として認識している。当社グループの当期税金は，期末日時点において施行又は実質的に施行されている税率を使用し，税務当局に納付又は税務当局から還付されると予想される額で算定している。

　当社グループの繰延税金は，会計上の資産及び負債の帳簿価額と税務上の資産及び負債の金額との一時差異等に基づいて，期末日に施行又は実質的に施行される法律に従い一時差異等が解消される時に適用されることが予測される税率を用いて算定している。

　繰延税金資産は，将来減算一時差異等を利用できる課税所得が生じる可能性が高い範囲内ですべての将来減算一時差異，税務上の繰越欠損金及び繰越税額控除について認識し，毎期末日に見直しを行い，税務上の便益が実現する可能性が高い範囲内でのみ認識している。

　ただし，繰延税金資産は，企業結合以外の取引で，会計上の利益にも課税所得にも影響を与えない取引における資産又は負債の当初認識から生じる場合には認識していない。子会社等に対する持分に係る将来減算一時差異については，以下の両方を満たす可能性が高い範囲内でのみ繰延税金資産を認識している。

　・当該一時差異が，予測し得る期間内に解消される場合
　・当該一時差異を使用することができ，課税所得が稼得される場合
　繰延税金負債は，以下の場合を除き，すべての将来加算一時差異について認識している。
　・のれんの当初認識時
　・企業結合以外の取引で，会計上の利益にも課税所得にも影響を与えない取引における資産又は負債の当初認識から生じる場合
　・子会社等に対する持分に係る将来加算一時差異で，親会社が一時差異を解消する時期をコントロールでき，かつ予測可能な期間内に一時差異が解消しない可能性が高い場合
　当社グループは，鋼材需給の予測及び製造コスト削減等の仮定を織り込んだ中

長期経営計画及び最新の事業計画に基づく将来における課税所得の見積り等の予想など，現状入手可能な全ての将来情報を用いて，繰延税金資産の回収可能性を判断している。当社グループは，税務上の便益が実現する可能性が高いと判断した範囲内でのみ繰延税金資産を認識しているが，経営環境悪化に伴う中長期経営計画及び事業計画の目標未達等による将来における課税所得の見積りの変更や，法定税率の変更を含む税制改正などにより回収可能額が変動する可能性がある。

　繰延税金資産及び繰延税金負債は，当期税金資産及び当期税金負債を相殺する法律上強制力のある権利を有しており，かつ以下のいずれかの場合に相殺している。

・法人所得税が同一の税務当局によって同一の納税主体に課されている場合
・異なる納税主体に課されているものの，これらの納税主体が当期税金資産及び当期税金負債を純額ベースで決済することを意図している，もしくは当期税金資産を実現させると同時に当期税金負債を決済することを意図している場合

（会計方針の変更）

　当社グループは当連結会計年度より，「国際的な税制改革－第2の柱モデルルール（IAS第12号「法人所得税」の改訂）（2023年5月公表）」を適用しており，第2の柱の法人所得税に係る繰延税金資産及び繰延税金負債の認識及び情報開示に関しては，本基準書に定められた例外を適用している。

（15）　1株当たり利益

　基本的1株当たり当期利益は，親会社の普通株主に帰属する当期利益を，その期間の自己株式を調整した普通株式の期中平均株式数で除して算定している。

　希薄化後1株当たり当期利益は，希薄化効果を有するすべての潜在株式の影響を調整して計算している。

2 財務諸表等

(1) 財務諸表 ··

① 貸借対照表

（単位：百万円）

	前事業年度 (2022年3月31日)	当事業年度 (2023年3月31日)
資産の部		
流動資産		
現金及び預金	393,912	386,446
売掛金	214,028	253,137
製品	197,014	226,339
半製品	370,585	472,790
仕掛品	7,400	7,300
原材料	286,519	377,686
貯蔵品	192,068	202,896
前払金	90,411	62,048
前払費用	24,505	29,127
未収入金	167,973	191,933
その他	16,339	6,090
貸倒引当金	△171	△212
流動資産合計	※1 1,960,587	※1 2,215,586
固定資産		
有形固定資産		
建物（純額）	271,007	270,210
構築物（純額）	197,852	204,369
機械及び装置（純額）	837,641	880,668
車両運搬具（純額）	3,801	4,353
工具、器具及び備品（純額）	43,522	47,671
土地	465,747	463,280
リース資産（純額）	2,267	1,837
建設仮勘定	113,810	151,757
有形固定資産合計	※2 1,935,649	※2 2,024,148
無形固定資産		
特許権及び利用権	1,151	1,108
ソフトウエア	59,752	77,987
のれん	2,592	―
リース資産	197	139
無形固定資産合計	63,693	79,235
投資その他の資産		
投資有価証券	339,985	327,023
関係会社株式	1,256,189	1,255,093
関係会社出資金	52,760	52,760
長期貸付金	13	7
関係会社長期貸付金	104,784	135,179
長期前払費用	49,252	57,449
繰延税金資産	155,885	125,416
その他	18,094	17,781
貸倒引当金	△10,730	△8,759
投資その他の資産合計	※1 1,966,234	※1 1,961,953
固定資産合計	3,965,577	4,065,337
資産合計	5,926,165	6,280,924

	前事業年度 （2022年3月31日）	当事業年度 （2023年3月31日）
負債の部		
流動負債		
買掛金	301,630	377,849
短期借入金	188,983	142,330
1年内償還予定の社債	20,000	60,000
リース債務	749	615
未払金	533,076	564,922
未払費用	59,888	56,485
未払法人税等	66,902	8,040
前受金	2,093	1,927
預り金	468,356	428,007
その他	4,136	7,811
流動負債合計	※1 1,645,818	※1 1,647,989
固定負債		
社債	890,000	880,000
長期借入金	1,274,665	1,280,776
リース債務	1,858	1,471
退職給付引当金	126,870	119,232
その他	206,905	216,061
固定負債合計	※1 2,500,299	※1 2,497,542
負債合計	4,146,117	4,145,531
純資産の部		
株主資本		
資本金	419,524	419,524
資本剰余金		
資本準備金	111,532	111,532
その他資本剰余金	270,304	270,305
資本剰余金合計	381,836	381,837
利益剰余金		
その他利益剰余金		
固定資産圧縮積立金	26,659	26,385
繰越利益剰余金	906,029	1,243,997
利益剰余金合計	932,689	1,270,382
自己株式	△54,733	△54,789
株主資本合計	1,679,317	2,016,955
評価・換算差額等		
その他有価証券評価差額金	89,591	116,841
繰延ヘッジ損益	11,139	1,596
評価・換算差額等合計	100,731	118,437
純資産合計	1,780,048	2,135,393
負債純資産合計	5,926,165	6,280,924

② 損益計算書

（単位：百万円）

	前事業年度 （自 2021年 4 月 1 日 至 2022年 3 月 31日）		当事業年度 （自 2022年 4 月 1 日 至 2023年 3 月 31日）	
売上高	※1	4,365,970	※1	4,973,537
売上原価	※1	3,704,088	※1	4,390,995
売上総利益		661,881		582,542
販売費及び一般管理費	※2	258,145	※2	264,142
営業利益		403,736		318,399
営業外収益				
受取利息及び配当金		122,382		159,701
その他		84,283		132,294
営業外収益合計	※1	206,666	※1	291,996
営業外費用				
支払利息		18,725		16,659
その他		54,883		66,573
営業外費用合計	※1	73,609	※1	83,232
経常利益		536,792		527,162
特別利益				
固定資産売却益	※3	79,122		－
投資有価証券売却益		15,405		28,134
特別利益合計		94,527		28,134
特別損失				
減損損失	※4	21,500		－
設備休止関連損失	※5	155,042	※5	22,026
特別損失合計		176,542		22,026
税引前当期純利益		454,778		533,270
法人税、住民税及び事業税		41,504		6,964
法人税等調整額		20,251		22,662
法人税等合計		61,756		29,626
当期純利益		393,022		503,643

③ 株主資本等変動計算書

前事業年度（自　2021年4月1日　至　2022年3月31日）

（単位：百万円）

	株主資本						
	資本金	資本剰余金			利益剰余金		
		資本準備金	その他資本剰余金	資本剰余金合計	その他利益剰余金		利益剰余金合計
					固定資産圧縮積立金	繰越利益剰余金	
当期首残高	419,524	111,532	270,304	381,836	27,811	585,612	613,424
当期変動額							
固定資産圧縮積立金の取崩				△	△1,151	1,151	△
剰余金の配当				△		△73,757	△73,757
当期純利益				△		393,022	393,022
自己株式の取得							△
自己株式の処分			0	0			
株主資本以外の項目の当期変動額（純額）							
当期変動額合計	△	△	0	0	△1,151	320,417	319,265
当期末残高	419,524	111,532	270,304	381,836	26,659	906,029	932,689

	株主資本		評価・換算差額等			純資産合計
	自己株式	株主資本合計	その他有価証券評価差額金	繰延ヘッジ損益	評価・換算差額等合計	
当期首残高	△54,678	1,360,107	104,124	3,338	107,463	1,467,570
当期変動額						
固定資産圧縮積立金の取崩		△				△
剰余金の配当		△73,757				△73,757
当期純利益		393,022				393,022
自己株式の取得	△59	△59				△59
自己株式の処分	3	3				3
株主資本以外の項目の当期変動額（純額）			△14,532	7,800	△6,732	△6,732
当期変動額合計	△55	319,209	△14,532	7,800	△6,732	312,477
当期末残高	△54,733	1,679,317	89,591	11,139	100,731	1,780,048

当事業年度（自　2022年4月1日　至　2023年3月31日）

（単位：百万円）

	株主資本						
	資本金	資本剰余金			利益剰余金		
		資本準備金	その他資本剰余金	資本剰余金合計	その他利益剰余金		利益剰余金合計
					固定資産圧縮積立金	繰越利益剰余金	
当期首残高	419,524	111,532	270,304	381,836	26,659	906,029	932,689
当期変動額							
固定資産圧縮積立金の取崩				—	△274	274	—
剰余金の配当				—		△165,950	△165,950
当期純利益				—		503,643	503,643
自己株式の取得				—			
自己株式の処分			0	0			
株主資本以外の項目の当期変動額（純額）							
当期変動額合計	—	—	0	0	△274	337,967	337,693
当期末残高	419,524	111,532	270,305	381,837	26,385	1,243,997	1,270,382

	株主資本		評価・換算差額等			純資産合計
	自己株式	株主資本合計	その他有価証券評価差額金	繰延ヘッジ損益	評価・換算差額等合計	
当期首残高	△54,733	1,679,317	89,591	11,139	100,731	1,780,048
当期変動額						
固定資産圧縮積立金の取崩		—				—
剰余金の配当		△165,950				△165,950
当期純利益		503,643				503,643
自己株式の取得	△58	△58				△58
自己株式の処分	2	3				3
株主資本以外の項目の当期変動額（純額）			27,249	△9,543	17,706	17,706
当期変動額合計	△55	337,638	27,249	△9,543	17,706	355,344
当期末残高	△54,789	2,016,955	116,841	1,596	118,437	2,135,393

【注記事項】

（重要な会計方針）

1. 資産の評価基準及び評価方法 ……………………………………

(1) 有価証券 ………………………………………………………

- 子会社株式及び関連会社株式

  …移動平均法による原価法

- その他有価証券

  市場価格のない株式等以外のもの

    …時価法（評価差額は全部純資産直入法により処理し，売却原価は移動平均法により算定）

  市場価格のない株式等

    …移動平均法による原価法

(2) 棚卸資産 ………………………………………………………

- 製品，半製品，仕掛品，原材料

  …総平均法による原価法（貸借対照表価額は収益性の低下に基づく簿価切下げの方法により算定）

- 貯蔵品

  …主として先入先出法による原価法（貸借対照表価額は収益性の低下に基づく簿価切下げの方法により算定）

2. 固定資産の減価償却の方法 …………………………………………

(1) 有形固定資産（リース資産を除く）…………………………

定額法を採用している。

なお，主な資産の耐用年数は以下のとおりである。

    建物　　　　主として31年

    機械及び装置　主として14年

(2) 無形固定資産（リース資産を除く）…………………………

定額法を採用している。

なお，自社利用ソフトウェアの見込利用可能期間は5年である。

（3）　リース資産 ···

所有権移転外ファイナンス・リース取引に係るリース資産

　リース期間を耐用年数とし，残存価額を零とする定額法を採用している。

3.　引当金の計上基準 ···

（1）　貸倒引当金 ···

債権の貸倒による損失に備えて，一般債権については貸倒実績率により，貸倒懸念債権等特定の債権については個別に回収可能性を検討し，回収不能見込額を計上している。

（2）　退職給付引当金 ···

従業員の退職給付に備えるため，当事業年度末における退職給付債務及び年金資産の見込額に基づき計上している。退職給付債務の算定にあたり，退職給付見込額を当事業年度末までの期間に帰属させる方法については，給付算定式基準によっている。

過去勤務費用は，その発生時の従業員の平均残存勤務期間以内の一定の年数（10年）による定額法により費用処理している。

数理計算上の差異は，各事業年度の発生時における従業員の平均残存勤務期間以内の一定の年数（10年）による定額法により按分した額を，それぞれ発生の翌事業年度から費用処理している。

4.　収益及び費用の計上基準 ···

収益を理解するための基礎となる情報は，連結財務諸表注記「3重要な会計方針」に同一の内容を記載しているため記載を省略している。

5.　その他財務諸表作成のための基本となる重要な事項 ·······················

（1）　外貨建の資産又は負債の本邦通貨への換算の基準 ·······················

外貨建金銭債権債務は，決算日の直物為替相場により円貨に換算し，換算差額は損益として処理している。

（2） ヘッジ会計の方法 ……………………………………………………………

繰延ヘッジ処理を採用している。なお，振当処理の要件を満たしている外貨建取引及び外貨建金銭債権債務に係る，為替予約及び通貨スワップについては振当処理を採用している。また，特例処理の要件を満たしている金利スワップについては特例処理を採用している。

（3） のれんの償却方法及び償却期間 ……………………………………………

のれんの償却については，発生年度に効果の発現する期間の見積りが可能なものについてはその年数で，それ以外のものについては5年間で均等償却を行っている。

（4） 退職給付に係る会計処理の方法 ……………………………………………

退職給付に係る未認識数理計算上の差異，未認識過去勤務費用の会計処理の方法は，連結財務諸表におけるこれらの会計処理の方法と異なっている。

（5） グループ通算制度の適用 ……………………………………………………

グループ通算制度を適用している。

（6） グループ通算制度を適用する場合の会計処理及び開示に関する取扱いの適用 ……………………………………………………………………………

当社は，当事業年度の期首から，連結納税制度からグループ通算制度へ移行している。これに伴い，法人税及び地方法人税の会計処理又はこれらに関する税効果会計の会計処理並びに開示については，「グループ通算制度を適用する場合の会計処理及び開示に関する取扱い」（実務対応報告第42号 2021年8月12日。以下「実務対応報告第42号」という。）に従っている。また，実務対応報告第42号第32項（1）に基づき，実務対応報告第42号の適用に伴う会計方針の変更による影響はないものとみなしている。

（重要な会計上の見積り）

会計上の見積りにより当事業年度に係る財務諸表にその額を計上した項目であって，翌事業年度に係る財務諸表に重要な影響を及ぼす可能性があるものは，次のとおりである。

（1） 固定資産の減損 ···

・財務諸表に計上した額

（単位：百万円）

	前事業年度 （2022年3月31日）	当事業年度 （2023年3月31日）
有形固定資産	1,935,649	2,024,148
無形固定資産	63,693	79,235

・会計上の見積りの内容について財務諸表利用者の理解に資するその他の情報
連結財務諸表注記「4　重要な会計上の見積り及び判断」に同一の内容を記
載しているため記載を省略している。

（2） 繰延税金資産の回収可能性 ·······································

・財務諸表に計上した額

（単位：百万円）

	前事業年度 （2022年3月31日）	当事業年度 （2023年3月31日）
繰延税金資産 （繰延税金負債との相殺前）	216,090	193,177

・会計上の見積りの内容について財務諸表利用者の理解に資するその他の情報
連結財務諸表注記「4　重要な会計上の見積り及び判断」に同一の内容を記
載しているため記載を省略している。

（会計方針の変更）

時価の算定に関する会計基準の適用指針の適用

　「時価の算定に関する会計基準の適用指針」（企業会計基準適用指針第31号
2021年6月17日。以下「時価算定会計基準適用指針」という。）を当事業年度
の期首から適用し，時価算定会計基準適用指針第27-2項に定める経過的な取扱
いに従って，時価算定会計基準適用指針が定める新たな会計方針を将来にわたっ
て適用することとしている。

　なお，当事業年度において，財務諸表に与える影響はない。

第2章

資源・素材業界の"今"を知ろう

企業の募集情報は手に入れた。しかし,それだけでは
まだ不十分。企業単位ではなく,業界全体を俯瞰する
視点は,面接などでもよく問われる重要ポイントだ。
この章では直近1年間の運輸業界を象徴する重大
ニュースをまとめるとともに,今後の展望について言
及している。また,章末には運輸業界における有名企
業(一部抜粋)のリストも記載してあるので,今後の就
職活動の参考にしてほしい。

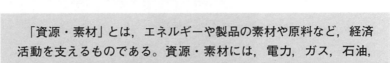

▶▶社会を支える基盤づくり
資源・素材 業界の動向

　「資源・素材」とは，エネルギーや製品の素材や原料など，経済活動を支えるものである。資源・素材には，電力，ガス，石油，化学，鉄鋼，非鉄金属，繊維，紙・パルプなどの業種がある。

❖ 電力・ガスの動向

　電力，ガスは，産業の発展，人々の生活を支えるインフラで，代表的な公益産業である。日本の電力業界の市場規模は20兆円，ガスは9兆円（都市ガス5兆円＋LPガス4兆円）といわれている。

　電力業界では，長い間，東京電力，関西電力といった地域電力会社（一般電気事業者）10社が各地域ごとに発電，送配電，小売を1社でまとめて行う地域独占状態となっていた。これに市場競争を導入しようとする規制緩和の試みは，高コスト構造や内外価格差の是正を目的に，1990年代から繰り返し議論され，法改正なども行われてきた。しかし，最も大きな転機となったのは，2011年3月11日の東日本大震災である。原子力発電所の事故による計画停電の実施，電気料金の値上げなどにより，エネルギー政策への関心が一気に高まり，「電力システム改革」という大規模な規制撤廃へつながった。

　この改革の第一弾は，2015年4月，地域を越えて電気を融通しやすくし，災害時などに停電が起こらないようにする「広域系統運用の拡大」から始まった。第二弾は2016年4月，利用者が電力会社や料金メニューを自由に選択できる「電力小売の全面自由化」である。これによって，小売電気事業者の登録数は500社を超え，2018年2月の時点で，顧客の約9.5％が契約先を変更している。今後は，電力会社の送配電部門を別会社に分離することで，送配電ネットワークを公平に利用できるようにする計画が進められている。

　ガス業界でも，200社近くの企業がそれぞれの地域で販売を独占してきた都市ガス（一般ガス）について，2017年4月，ガス事業法が改正された。そ

れまでは，事業許可・料金規制の対象となってきた都市ガスの小口向け小売供給が全面自由化され，ライセンス制度の導入・ガス製造事業の導入なども合わせて行われることとなった。なお，2022年には導管事業が別会社に分離され，新規参入を含むすべての企業が公平に利用できるプラットフォームとなった。ただ，ガスでは保安検査というハードルがあるため，2023年時点の登録小売業者は76社で，異業種からの参入は限定的となっている。

2023年は電力，ガスともにコロナ禍による落ち込みからは回復したが，天然ガスや石炭価格が世界的に高騰し，電気・ガス料金が大幅に値上がりした。新電力会社にとっては死活問題となっており，業務縮小，もしくは撤退する企業がでてくると思われる。さらにはウクライナ危機も加わり，各社にさらなるダメージが加わる可能性が高い。

●市場開放により交錯する企業間連携，JERAの設立

小売自由化を受け，エリアを越えた事業展開，電力・ガスの相互参入など，新しい動きが表れている。2015年5月，九州電力は，東京ガス，出光興産と連携し，関東エリアに200万kW級の石炭火力を新設するため，千葉袖ヶ浦エナジーを設立した。これは，出光興産の燃料調達力，九州電力の発電所運転ノウハウ，東京ガスの関東圏での顧客基盤などのシナジーを狙ったものとされる。また，2016年4月には，関西電力と東京ガスが，LNGの調達や火力発電所の運営について提携を発表。その他にも，東京電力エナジーパートナーが日本瓦斯会社と，関西電力が岩谷産業と，東京ガスが神戸製鋼所と，東京ガスや大阪ガスがNTTファシリティーズと連携するなど，新たな事業分野への参入に当たって，他社とのアライアンスが進んでいる。

こういった動きのなかでとくに注目すべきはJERAの設立である。大規模な「電力システム改革」に柔軟に対応すべく，2015年4月，東京電力と中部電力が共同で株式会社JERAを設立した。JERAは，化石燃料（液化天然ガス・石炭）の調達から国内外の火力発電所の運営まで，一貫して担うことを目指している。両社の事業がJERAに統合されたことにより，JERAで調達するLNG（液化天然ガス）量は，年間約4,000万tと，世界最大規模となった。2019年4月には，両社の既存火力発電事業の統合。その出力は約7000万kWで，国内火力の半分を占める。JERAは，2019年から5年以内に，相乗効果を年1000億円以上にすることを目標に掲げており，世界で戦うグローバルなエネルギー企業を目指すJERAの成長戦略は，電力業界全体の

将来を左右する可能性もあり，目が離せない。

❖ 石油の動向

　資源の乏しい日本では，石油の自給率は1％に満たず，年間1億6000万キロリットルの原油を海外から輸入しており，原油価格の変動は，業績に大きな影響を与える。2022年はウクライナ危機により原油価格は高騰。利幅の増大により各社の利益が膨れ，最高益が相次いだ。

　2010年頃から始まった産油国による過剰供給により，石油価格は低迷していた。しかし2016年末に，OPECとロシアなどの主要産油国が減産に合意した結果，原油価格の下落に歯止めがかかった。2016年1月には，1バレル20ドル台まで暴落した原油価格は，2017年に入って50ドル台まで持ち直し，石油元売り各社は，黒字に回復した。その後，米国におけるシェールオイル生産が堅調に推移したことから，40ドル/バレル台に下落することもあったが，協調減産の効果から需給バランスが好転，需要超過が続き，2018年5月には70ドル/バレル台まで高騰した。2018年6月，過度の原油高による需要の冷え込みを懸念する声を受け，OPEC総会で実質増産が決まった。しかし，米国のイラン制裁の一環としてイラン産原油の輸入が一時停止になるなど，原油の需給バランスは不安定な状態が続いている。

●脱炭素の流れは本流となるか

　コロナ禍以前から世界は脱炭素の流れに進みつつある。欧米ではとくにその流れが強く，2019年に英国のシェルは電力への移行を明言していた。しかし，ウクライナ危機で世界情勢は一変。シェルは発言を事実上撤回することになった。

　世界的に見ると先進国では石油需要は減っているが，アフリカ，インドなどでは増加の傾向にある。世界ベースでの2021年の石油需要は，2019年6.6％増の1億300万バレルとなっている。各企業にはこれまで通りの石油事業と脱炭素の取組とをバランスよく進めることが求められている。

　石油関連企業は，石油単体の事業では立ち行かなくなる将来を見越して，合併などの企業編成によって建て直しを図っている。2017年4月，JXホールディングスと東燃ゼネラル石油が，JXTGホールディングスとして経営統合し，20年6月にはENEOSホールディングスに社名変更した。売上げは約

7.5兆円，国内ガソリン販売シェアは約50％と，圧倒的な規模を持つ企業が誕生したことになる。今後，精製設備やガソリンスタンドの統廃合といったコスト削減と共に，非鉄金属の開発や電力事業も手掛け，3年以内に1000億円の収益改善を目指している。また，出光興産と昭和シェル石油も経営統合を模索。出光創業家の反対により難航していたが，2018年7月に出光興産を昭和シェルの完全子会社にすることで合意。2019年4月に経営統合した。

❖ 鉄鋼の動向

　2022年の日本の年間粗鋼生産量は8,920万tと，前年を下回る結果となった。ウクライナ戦争によって減量価格が急騰。加えて中国の景気が悪化したことも影を落とす要因となった。世界規模で見ても，世界の鉄鋼生産量は2015年以来となる前年割れ。主要企業の大半が減益となった。

　そんな中，日本の日本製鉄は健闘を見せている。2023年3月期の連結純利益が過去最高を更新。値上げの浸透に加えて，製造設備の休止で固定費を削減できたことが功を奏した。

●鉄鋼業界にも再編の波

　鉄鋼各社は，老朽化した設備更新でコスト削減を推進しつつ，事業の多角化を進めることで生き残りを目指している。また，再編の動きも活発化している。事業の構造改革を図る新日鐵住金は，日新製鋼を2019年1月に完全子会社化し，同年4月には新日鐵住金本体と日新製鋼のステンレス鋼板事業を，新日鐵住金ステンレスへ移管，統合し，日本製鉄が誕生した。電炉鋼大手の合同製鉄も朝日工業を子会社化する方針を打ち出している。

　そのような状況下，2017年10月，業界3位の神戸製鋼所において，アルミ製部材の性能データ改ざんが発覚して，業界に衝撃が走った。その後，グループ9社で不正が発覚し，納入先はボーイングやエアバス，日産，トヨタなど500社に拡大し，日本工業規格（JIS）の認定取り消しにまで発展した。この問題を受けて，海外の大手製造業も相次いで調査を開始しており，日本ブランドの品質への信頼が揺らぐ事態となっている。今後，同社の動向によっては新たな業界再編の端緒となる可能性もある。

❖ 非鉄金属の動向

　非鉄金属とは，文字通り「鉄以外」の金属のことで，銅や錫，亜鉛などの「ベースメタル」，アルミニウムやマグネシウム，ナトリウムなどの「軽金属」，ニッケルやクロム，マンガンなど存在量が少なく技術的に抽出困難な「レアメタル」に分類される。非鉄金属は，自動車，電気・電子機器，住宅など生活に密着した需要が多い。

　近年，中国や新興国の経済成長を受けて，消費量は増加傾向にあり，業績も伸びていた。しかし，2015年，中国経済減速への懸念から資源価格が下落した。その後，価格は回復基調となったが，世界の非鉄消費の半分を占め，価格を左右する中国の需要には引き続き不透明感が残っている。

　日本の非鉄金属各社は，海外から銅や亜鉛などの鉱石を輸入し，製錬所で地金を生成する。原料となる鉱石の大半を輸入に頼っているため，為替やマージンが収益に大きく影響するという弱点があった。そこで製錬各社は，鉱石の安定調達のため，海外鉱山開発を進めてきた。2014年，JX日鉱日石金属と三井金属ほか日本企業が100％出資した，チリのカセロネス銅鉱山が本格稼動。2016年，住友金属鉱山は1140億円を投じて米モレンシー銅鉱山の権益を追加取得し，持ち分比率を25％とした。一方，鉱山の奥地化で開発費が増大しているため，各社は携帯電話などの電子スクラップからレアメタルを回収する，リサイクル事業にも力を入れている。

　新型コロナウイルスの感染拡大は中南米やアフリカなどにも及び，銅山開発の中断が相次いだ。今後も米中貿易摩擦などの動向が銅価格らの市況に影響する可能性がある。

❖ 化学の動向

　化学製品は，樹脂やゴム，合成繊維の総称で，石油や天然ガス由来の物質を原料として製造される。日常使っているプラスチックや洗剤，衣料などのほか，広く工業製品にも利用されている。

　化学業界には，石油由来のナフサをもとに基礎原料となるエチレンやプロピレンを生産する総合化学メーカーのほか，特定の機能材料を製造する中堅企業が多く存在する。新興国の経済成長により，石油化学製品の需要

が高まっていることから，好業績が続いている。しかし，為替変動や原油価格の高騰によるマージン縮小，2018年からは，米国でシェールガス由来のエチレン生産が本格稼動し，中国や中東でも生産能力が拡大しているため，日本勢は価格競争で不利になることも懸念される。そのため，大手各社は技術力で勝負できる機能素材・材料に着目。成長が見込まれる自動車の軽量素材や，ハイブリッド車・電気自動車に搭載されるリチウム電池，スマートフォン向けの有機ELなどを重点分野に位置づけ，積極的な設備投資を進めている。

　2017年にダウ・ケミカルとデュポンが統合し，ダウ・デュポンが誕生した。こういった海外の動きに連動し，国内でも，高機能材での高い収益性を目指して，組織再編が進んでいる。2017年4月，三菱ケミカルホールディングスは，傘下の化学系3社を合併し，新たなスタートを切った。新会社の売上高は3兆7244億円，従業員数は6万9000人超で，圧倒的な最大手となる。石油化学基礎品から半導体やリチウム電池まで手掛ける「三菱化学」と，高機能フィルムが主力の「三菱樹脂」，炭素繊維が強みの「三菱レイヨン」が統合することで，3社が培ってきた技術を融合し，スピード感とクオリティが求められる市場に対応していくことになる。

　2022年度は化学業界にとっては逆風の1年となってしまった。原油価格高騰に伴うコスト高により世界的に景気が冷え込み，家電や建築などの需要が大きく縮んだ。結果，石油基礎製品の需要も大きく落ち込んだ。

❖ 繊維の動向

　新興国の経済成長，人口増による消費拡大などを背景に，世界の繊維需要，生産量は伸びている。明治以降，日本の経済発展を支えてきた繊維産業だが，現在は中国が圧倒的なシェアを占める。化学繊維生産の7割が中国で，日本はわずか1％程度である。しかし，衣料用繊維では主役の座を下りても，独自の技術を活かした商材で，日本企業はグローバルに強みを示している。衣料分野では，吸水速乾性繊維やストレッチ繊維，産業用として不燃布や人工皮革，高強度ナイロン繊維などがある。ユニクロと「ヒートテック」を共同開発した東レは，メキシコでエアバッグ工場を設立し，2018年1月に稼動を開始した。帝人グループも，同時期に中国でエアバッグの生産能力を増強する。東洋紡も，2017年1月，タイにエアバッグ用基布の新会社を

設立し，総額100億円の投資を行うと発表している。また，紙おむつなど衛生材料に用いられる不織布の需要も急増しており，東レが滋賀県に新たな開発設備を導入するなど，各社の投資が続いている。

　数ある高機能繊維のなかで，日本が他国に先導しているのが，炭素繊維である。アクリル繊維を炭化した炭素繊維は，重さが鉄の4分の1で強度は10倍と，鉄よりも軽くて強く，耐腐食性にも優れているため，多くの分野で需要が拡大している。炭素繊維は，先頭に立って市場を開拓してきた東レが世界シェアの約4割を占め，帝人，三菱ケミカルの3社で，世界生産の7割を握っている。3社は，航空機や自動車向け炭素繊維を成長分野と位置づけ，今後も力を注いでいく方針としている。この流れから，三菱ケミカルは欧米市場での炭素繊維事業の拡大を目的とし，2017年にイタリアの炭素繊維強化プラスチックの自動車部品メーカーであるC.P.Cの株式の44％を取得。自動車の軽量化に向け炭素繊維部品を積極的に売り込んでいく。また，東レも炭素繊維複合材料事業を強化するため，2018年3月，樹脂に精通した複合材料メーカーであるオランダのテンカーテ・アドバンスト・コンポジット社（TCAC）を買収すると発表，同年7月に全株式の取得を完了した。

資源・素材業界

直近の業界各社の関連ニュースを
ななめ読みしておこう。

日トルコ、再エネで協議会創設へ　ウクライナ支援も協力

西村康稔経済産業相は5日、トルコのバイラクタル・エネルギー天然資源相と会談した。太陽光といった再生可能エネルギーの開発案件などで協力する官民協議会「日トルコエネルギーフォーラム」の創設で合意した。ボラット商務相とはウクライナの復興支援で連携を強化する方針を確認した。

ボラット氏との会談では東京電力福島第1原子力発電所の処理水の海洋放出について説明した。西村氏によると、ボラット氏からは日本の取り組みは科学的根拠に基づくもので支持するとの発言があった。

新しく立ち上げる官民協議会では再生エネや水素、天然ガスなどにかかわる民間案件の創出を目指す。両国から商社やエネルギー会社の参加を見込む。来年にも初回会合を開く方針だ。

西村氏は協議会の創設について「大きな協力の一歩を踏み出すことができた」と語った。重要鉱物でもアフリカといった第三国での協力を模索することで一致したと明かした。

ボラット氏との共同声明にはロシアが侵攻を続けるウクライナの復興支援を両国が協力して進めることを盛り込んだ。インフラや建設資材にかかわる両国企業を念頭に、第三国での民間協力を後押しする。

交渉中の経済連携協定（EPA）は早期の交渉再開と妥結を目指す。日本とトルコは14年に交渉を始めたが、一部の品目を巡って議論が停滞した。交渉会合は19年以降開催されていない。

ボラット氏は「日本とトルコの関係は近年、同盟と言えるほどのレベルまで発展した」と述べた。EPAについては「二国間貿易の均衡が取れた発展に資するような形で交渉が妥結することを望んでいる」とした。トルコは慢性的な貿易赤字を問題視している。

日本とトルコは24年に外交関係の樹立から100年を迎える。経産相や外相も

交えた日トルコの閣僚会議を来年の早期に東京で開くことも確認した。

（2023年9月5日　日本経済新聞）

日本とサウジアラビア、レアアース開発で共同投資合意へ

日本とサウジアラビア両政府は脱炭素に欠かせないレアアース（希土類）鉱山開発の共同投資で合意する見通しとなった。岸田文雄首相とサウジの首相を務めるムハンマド皇太子が16日の会談で確認する。

日本は重要鉱物を巡って中国など一部の国への依存度を下げ、経済安全保障の強化につなげる。経済産業省とエネルギー・金属鉱物資源機構（JOGMEC）、サウジの産業鉱物資源省の3者が近く重要鉱物に関する協力覚書（MOC）を結ぶ。協力の柱として第三国での鉱物資源の開発で両国による共同投資を検討する。脱炭素で需要が高まる電気自動車（EV）向けのレアアースなどを念頭に、重要鉱物の権益確保を急ぐ。

サウジは国家戦略の一つで国内でのレアアース鉱山の探索を掲げており、日本がこれに協力する。鉱山探査の知見があるJOGMECがサウジの初期調査を技術的に支援する。銅や鉄、亜鉛といったすでに国内で採れる資源の開発強化も後押しする。

現在、レアアースやEV用電池に使うリチウムやコバルトなどの供給元は中国などに集中する。脱炭素の流れは世界的に強まっている。日本とサウジの双方ともに関連鉱物の調達網を多様にし、特定の国への依存度を下げていきたいとの思惑がある。

日本は水酸化リチウムの調達の8割弱を中国に頼り、コバルトを精製するプロセスも6割超を中国に依存する。中国は2010年の沖縄県・尖閣諸島沖での中国漁船衝突事件を受けてレアアースの対日輸出を規制し、日本が供給確保に追われた経緯がある。

首相は16日から18日までサウジアラビア、アラブ首長国連邦（UAE）、カタールの3カ国を訪れる。各国の首脳との会談ではエネルギー分野などでの協力を確認する。

（2023年7月15日　日本経済新聞）

洋上風力30年に7倍に、G7環境相会合　声明に明記へ

主要7カ国（G7）は気候・エネルギー・環境相会合の共同声明に再生可能エネルギーの導入目標を明記する方向で調整に入った。洋上風力発電は2030年までに7カ国合計で1.5億キロワットに引き上げる。21年実績の約7倍で、ウクライナ危機を受けて導入スピードを加速する。

太陽光は10億キロワットと、3倍強にする。曲げられるため建物の壁面にも貼れる「ペロブスカイト太陽電池」や、浮体式の洋上風力発電などの開発・実用化を進めるといった具体策も声明に記す。

大きな争点となっている石炭火力発電所を巡っては欧州が廃止時期の明記を求めている。共同声明案では「1.5度目標に整合する」と記述する方向で調整を進めている。15日から札幌市で開く閣僚級会合で詰めの議論に入る。

議長国の日本は30年時点で発電量の19%を石炭火力に頼る計画を持ち、年限の明示には難色を示している。温暖化対策の国際枠組み「パリ協定」で掲げる産業革命前からの気温上昇を1.5度以内にする目標と整合性をとるとの表現で妥協案を示した形だ。

天然ガスの生産設備への投資を許容する考え方を共同声明に盛り込むことでも合意する見通しだ。22年までの声明では一致できず、明記していなかった。石炭火力よりは少ないがガス火力も二酸化炭素（CO_2）を排出するためガス生産に慎重な見方があったためだ。

ウクライナ危機による資源価格の高騰などでG7がまとまった格好だ。今後も新興国は経済成長に伴いエネルギー需要が拡大するとみられる。ガス投資が乏しいと供給不足となる懸念がある。

ガスを安定供給することが、南半球を中心とした新興・途上国「グローバルサウス」の成長と脱炭素化の両立につながると判断した。天然ガスへの投資は国際的な気候変動目標の達成を遅らせるとの指摘もある。

電気自動車（EV）の電池などに欠かせない重要鉱物の安定供給に向けた行動計画もまとめる。G7として1兆円超を財政支出し、鉱山の共同開発や使用済み製品から鉱物を回収・再利用する取り組みなどを推進することを確認する。

（2023年4月15日　日本経済新聞）

フッ化物イオン電池、蓄電容量10倍に　実用化へ日本先行

リチウムイオン電池に比べて容量が10倍にもなる可能性があると「フッ化物イオン電池」が期待を集める。京都大学や九州大学、トヨタ自動車、日産自動車など25者が参加する国のプロジェクトでは、電気自動車（EV）への搭載を目指す。

「フッ化物イオン電池の正極材料にフッ化鉄が適する可能性を実証した」。2022年12月にエネルギー関連の学術誌に掲載された九大などの論文が注目を集めた。安価なフッ化鉄で、正極材料の充放電につながる化学反応を確かめた。安く安全な蓄電池の実現に向けた大事な一歩だ。

フッ化物イオン電池はフッ素を電気エネルギーの運び手とする新たな蓄電池だ。既存のEVのリチウムイオン電池は重量1キログラムあたり200〜250ワット時という容量だが、フッ化物イオン電池は材料を工夫すれば2500ワット時以上にできる可能性があるという。

九大などの成果は新エネルギー・産業技術総合開発機構（NEDO）のプロジェクト「RISING3」で生まれた。トヨタや日産、本田技術研究所のほか、パナソニックホールディングス（HD）傘下のパナソニックエナジーやダイキン工業、立命館大学などが参画する。

RISINGは革新電池の開発を目指すプロジェクトで09年から1期目が始まった。硫化物電池などの開発が進み、各社が事業化を考える段階になった。21〜25年度の3期目ではフッ化物イオン電池と亜鉛負極電池を対象に選んだ。

プロジェクトリーダーを務める京大の安部武志教授は「エネルギー密度が高いだけでなく、コストや資源リスクの観点も重視した」と話す。フッ化物イオン電池では、重量1キログラムあたり500ワット時以上というリチウムイオン電池の約2倍の容量の試作を目指す。

課題はフッ化物イオンと相性のいい電極材料と電解質の探索だ。十分に反応しなければ電池の潜在能力を発揮できない。リチウムイオン電池で使うレアメタル（希少金属）に代わり、豊富な銅やアルミニウムも電極材料の候補になる。動作温度の高さも課題だ。実用化は35年以降ともいわれる。

EV用の蓄電池に求められる性能は高い。小型で軽く、容量や出力が高く、寿命が長いのが理想だ。「フッ化物イオン電池は安全で安価、走行距離の長い次世代電池の最有力候補だ」（安部教授）

調査会社の矢野経済研究所（東京・中野）によると、世界の車載用リチウムイ

オン電池の市場規模は30年に21年比で約3倍に拡大する見通しだ。すべてのEVにリチウムイオン電池を使えば資源が不足する恐れもある。

現状では日本勢は研究開発で先行している。ただ、リチウムイオン電池のように将来、海外勢に量産規模などで圧倒される可能性はある。産官学を挙げて、量産までの流れをつくる必要がある。

（2023年3月17日　日本経済新聞）

海外の地熱発電に出資へ　経産省、国内開発へ技術蓄積

経済産業省は2023年度から海外の地熱発電事業への出資を始める。日本は適地の多くが国立・国定公園内にあり、開発が進んでいない。国際協力を通じて技術やノウハウを蓄える。国内の規制緩和もにらみながら脱炭素の有望技術として広く活用する下地を整える。

海外の探査事業に参画する試掘会社に独立行政法人のエネルギー・金属鉱物資源機構（JOGMEC）を通じて資金を出す。INPEXが既存の地熱発電所の拡張や新たな地質調査を検討するインドネシアやニュージーランドなどが候補となる。関連経費として23年度予算案に6.3億円を計上している。

地熱は再生可能エネルギーの一種。太陽光や風力と違って天候に左右されずに安定して発電できる。経産省によると、日本の関連資源量は原子力発電所23基分にあたる2300万キロワットと、米国とインドネシアに次いで世界で3番目に多い。

現状では十分に活用できておらず、発電設備量は60万キロワットで世界10位にとどまる。国内全体の発電量に占める割合は0.3％しかない。

今後、国内で普及を進めるには技術と規制それぞれの課題がある。技術面は例えば、インドネシアが設備の腐食リスクを高める酸性熱水を避ける研究開発で先行する。海外への出資を通じてノウハウを学ぶ。

規制については環境省が21年、国立・国定公園の一部地域での地熱開発を「原則認めない」とする通知の記載を削除した。実際には植物の復元が難しかったり景観を損ねたりする場合は発電所の立地はなお難しい。温泉への影響を懸念する地元の理解も必要になる。

（2023年2月26日　日本経済新聞）

水素・アンモニア課を新設　経産省、GXへ組織改編

経済産業省は2023年夏をめどに資源エネルギー庁に水素・アンモニア課を新設する方針だ。石油や天然ガスの安定確保を担う石油・天然ガス課を燃料資源開発課に変更する。非化石燃料も含めた資源確保や供給網の整備に取り組む。グリーントランスフォーメーション（GX）に向けた組織改編とする。

22日に開いた総合資源エネルギー調査会（経産相の諮問機関）資源・燃料分科会で改編案を示した。いずれも仮称で、関係法令を改正して正式に決める。

水素・アンモニア課は省エネルギー・新エネルギー部に設ける。水素とアンモニアは燃やしても二酸化炭素（CO_2）が出ない。石炭や天然ガスに混ぜるなどして使えばCO_2の排出を減らせる。ガソリンなどと異なり水素の供給網は整備が進んでいないため、新組織が様々な支援策や需要拡大政策を展開する。

資源・燃料部の燃料資源開発課は従来の石油・天然ガスに加え、水素やアンモニアといった非化石燃料も含めて海外からの安定調達に取り組む。上流と呼ばれる開発や生産を担う国や地域、企業と連携する。

現状では水素とアンモニアは化石燃料を原料にしてつくることが多く、生産過程でCO_2が出る課題がある。再生可能エネルギーで生産すればCO_2はゼロにできる。再生エネの導入量の多い国や地域でつくった水素やアンモニアの活用に向け、新しい資源外交も新組織で推進する。

同部の石油精製備蓄課と石油流通課は燃料基盤課に再編する。石油の名称を省き、水素とCO_2を合成した液体燃料なども所管する。

（2023年2月22日　日本経済新聞）

事業用太陽光、屋根置き促進へ　住民説明など認定条件に

経済産業省は31日、再生可能エネルギーの普及を後押しする固定価格買い取り制度（FIT）に2024年度から新しい区分を設けると明らかにした。企業が工場や倉庫の屋根に置いた太陽光発電パネルでつくる電気を1キロワット時あたり12円で買い取る。足元の電気代が高騰する中、平地より2〜3割ほど高くして企業の導入意欲を高める。

調達価格等算定委員会が24年度の買い取り価格をまとめた。FITは企業や家庭が発電した再生エネの電気を電力会社が10〜20年間、固定価格で買い取

る仕組み。東日本大震災後の12年度に導入した。家庭や企業が電気代に上乗せして支払う賦課金が原資になっている。

12円で買い取る屋根置きは出力10キロワット以上の事業用太陽光が対象となる。平地などに置く場合は10キロワット以上50キロワット未満で10円、50キロワット以上250キロワット未満で9.2円に設定する。屋根置きについては23年10月以降の認可分にも遡及して適用する。24年度から適用すると企業が投資を先送りする可能性があるためだ。

経産省は30年度の温暖化ガス排出削減目標の達成に向けて、屋根が広い物流倉庫などに導入余地があるとみる。足場設置や耐震補強などの建設コストがかさむため価格差をつける。

買い取り価格の引き上げは賦課金の上昇圧力になるが、全体で見ればわずかで、経産省は「国民負担に直結するような上昇は見込まれない」と説明する。再生エネの導入量が増えれば、化石燃料の輸入は減る。資源価格が高止まりする場合、電気代全体では消費者の負担を軽減する効果がでる可能性もある。

ロシアによるウクライナ侵攻などによる燃料価格の高騰で足元の電気代は高い。電力を多く消費する企業が太陽光を導入すれば自家消費できる利点がある。固定価格で売電できるため設置にも踏み切りやすい。

国内で太陽光パネルを設置できる適地は減っている。山間部に設置するケースが増えたことで景観や防災を巡る住民トラブルも少なくない。

経産省は事業者に対して、森林法や盛土規制法などの関係法令に基づく許認可を取得することをFITの申請要件にする方針だ。省令改正で対応する。法令違反した事業者に対しFIT交付金を早期に停止できるよう再エネ特措法の改正案を通常国会に提出する。

地域住民の理解を得るため、住民説明会などで事業内容を事前に通知することをFIT認定の条件にする。30年代半ば以降に大量廃棄が見込まれる使用済みパネルの処分やリサイクルを巡り、パネルに含まれる物質の表示をFIT認定の義務とするよう省令改正する。

（2023年1月31日　日本経済新聞）

サウジ原油調整金下げ、1年3カ月ぶり低水準　2月積み

サウジアラビア国営石油のサウジアラムコは、2月積みのアジア向け原油の調整金を引き下げる。代表油種の「アラビアンライト」は1月積みから1.45ドル

低い1バレルあたり1.80ドルの割り増しと、2021年11月以来1年3カ月ぶりの低水準となった。中国の新型コロナウイルス感染拡大に伴う足元の原油需要の鈍さなどを映した。

日本の石油会社がサウジと結ぶ長期契約の価格は、ドバイ原油とオマーン原油の月間平均価格を指標とし、油種ごとに調整金を加減して決まる。

2月は5油種全てで調整金が引き下げとなった。引き下げ幅が最も大きかったのは軽質の「エキストラライト」で、1月積みに比べて2.90ドル引き下げ1バレルあたり3.55ドルの割り増しとした。同じく軽質の「スーパーライト」も同2.40ドル引き下げ4.95ドルの割り増しとなった。石油化学品に使うナフサの需要低迷が響いたもようだ。

重質の「アラビアンヘビー」は1月積みに比べて1.00ドル引き下げ2.25ドルの割り引きとなり、2カ月連続で割り引きが適用となった。

中国では新型コロナを封じ込める「ゼロコロナ」政策が事実上終わり、今後は経済再開に伴って原油需要が徐々に回復すると見込まれている。一方で「急激な方針転換は足元の感染急拡大も招いており、需要回復が遅れる可能性もある」（エネルギー・金属鉱物資源機構＝JOGMEC＝の野神隆之首席エコノミスト）。アジア市場の競合激化も影響した。欧州連合（EU）は22年12月からロシア産原油の禁輸に踏み切った。ロシアは買い手が減った分、中国やインドなどに割引き販売を余儀なくされている。割安なロシア産のアジア市場への流入で、中東産の需要が圧迫されている面もあるとみられる。

（2023年1月11日　日本経済新聞）

現職者・退職者が語る 資源・素材業界の口コミ

※編集部に寄せられた情報を基に作成

▶ 労働環境

職種：経営企画　　年齢・性別：30代後半・男性

- ・30代半ばまではほぼ年功序列で賞与も横並びです。
- ・昇進に差がつきにくいので，同期の間も和気あいあいとしています。
- ・実質的な最初の選別は，30代後半で課長級（管理職）に昇格する時。
- ・課長級昇格後に，将来の幹部となる人材を選抜しているようです。

職種：社内SE　　年齢・性別：20代後半・男性

- ・人と人との関わり方が丁寧で，とても雰囲気の良い会社です。
- ・有給休暇が取得しやすく，無理な残業が続くこともありません。
- ・勤続年数がある程度行くと，長期の休暇を取ることができます。
- ・長期休暇で海外旅行に出かけている人もいます。

職種：ネイリスト　　年齢・性別：20代後半・女性

- ・風通しの良い職場で，仲間を大切にする雰囲気です。
- ・定期的に上司に悩みなどを相談出来る機会が設けられています。
- ・指導は厳しい事もありましたが，後で必ずフォローしてくれます。
- ・モチベーションが下がらないよう，皆で励ましあえる環境です。

職種：法人営業　　年齢・性別：30代後半・男性

- ・外部資格や社内資格の取得，通信教育の受講等が昇進には必要です。
- ・業務に直接関係のない資格もありますが，視野を広げる効果も。
- ・受講費用の補助もあるので，積極的に挑戦してみると良いでしょう。
- ・部署によっては，全く受講する時間が取れないこともありますが。

▶福利厚生

職種：機械関連職　　年齢・性別：20代後半・男性

・福利厚生は基本的なものは揃っており，細かな補助等もあります。
・社内の研修センターやeラーニングなど，学習環境も整っています。
・自主的にキャリアアップを目指したい人には良い環境だと思います。
・休暇取得は部署にもよりますが，ほぼ取得できていると思います。

職種：技能工（その他）　　年齢・性別：50代前半・男性

・有給休暇が貯められるのは最大40日まで。
・年齢制限がありますが，男女共に独身寮や社宅があります。
・育児休暇制度やボランティア活動などのための休暇制度もあります。
・勤続10年目，30年目に旅行補助金と連続休暇がもらえます。

職種：一般事務　　年齢・性別：20代後半・女性

・住宅補助，産休制度も整っており，福利厚生は充実しています。
・サービス残業や休日出勤もなく有給休暇も取りやすいと思います。
・残業は基本的にあまりありませんが残業代はきちんと支払われます。
・組合企画のイベントなどもあり，風通しはいい環境だと思います。

職種：海外営業　　年齢・性別：30代後半・男性

・30代半ばから裁量労働になり，残業代ではなく定額の手当が出ます。
・社宅は充実していて，都内に新築の社宅が幾つかあり快適です。
・勤務時間は部署によりますが，それほど忙しくはありません。
・社内公募制は年に一回応募でき，異動は基本的に3～5年ごとです。

▶仕事のやりがい

職種：スーパーバイザー　　年齢・性別：20代後半・女性
・女性社会ですが，風通しは良く社風は非常に良いです。
・先輩方から商品の奥深さや接客の奥深さを教えていただけます。
・下着から世の女性を美しくという目標を掲げ，日々奮闘しています。
・世間の女性から信頼を得ている商品に携われ，やりがいを感じます。

職種：法人営業　　年齢・性別：20代後半・男性
・世の中のエネルギーを支える，やりがいのある仕事だと思います。
・人々の生活に不可欠なものを扱う使命感を実感できます。
・日々，専門性を高めることができる環境に恵まれています。
・社風はとても明るい人が多いので過ごしやすいと思います。

職種：法人営業　　年齢・性別：30代後半・男性
・経験を積めば大きな額が動く仕事を任せてもらえるようになります。
・やりがいを感じるのは，お客様から感謝のお言葉をいただいた時。
・スキル不足でもやる気と熱意で希望部門に異動した社員もいます。
・社内や事業部内でイベントが企画され，横の風通しも良いです。

職種：生産技術（機械）　　年齢・性別：50代前半・男性
・若い時から，グローバルな大きな仕事を任せて貰えること。
・新商品の企画から販売まで一貫して見られる面白みもあります。
・社員一人一人と上司が半期ごとに面接をし，達成度など確認します。
・本人のやる気と実力次第で，どんどん成長できる環境だと思います。

▶ブラック？ホワイト？

職種：生産管理・品質管理（機械）　　年齢・性別：20代後半・男性

- エネルギーのリーディングカンパニーとしての力強さは皆無かと。
- 全社的に地味ですし，悪い意味で波風立てない保守的な社風です。
- コスト低減にも積極的ではなく，社内政治的な仕事が多いです。
- お客様のお役に立っている仕事ができていないと感じてしまいます。

職種：電気・電子関連職　　年齢・性別：30代後半・男性

- 残業代はでるが，経費削減という名目で残業時間にはうるさいです。
- インフラ企業なので，頑張りで評価されるわけでもありません。
- 上司の好き嫌いといった，個人的な評価で給料が増減する世界です。
- 頑張って上司を持ち上げ続ければ評価される日も近づくのかも。

職種：電気・電子関連職　　年齢・性別：30代後半・男性

- 学閥が存在し，越えられない壁というのができています。
- 日本の昔ながらの安定した大企業の体質そのままです。
- 仕事ができる人ほどやりがいのなさで悩むことになるようです。
- 割り切って，企業のブランドイメージに頼るならば安泰かと。

職種：財務　　年齢・性別：20代後半・男性

- 総合職の場合，深夜残業や休日出勤が年間を通して頻繁にあります。
- 研修や教育に熱心ですが，平常業務に上積みとなり負担は増えます。
- 使命感を持ち全身全霊で仕事に取り組む人には良い職場でしょう。
- 事務系の場合は転勤も多いので，生活設計が難しくなることも。

▶女性の働きやすさ

職種：販売スタッフ　　年齢・性別：20代後半・女性

・年代関係なく女性は働きやすく，多くの女性が活躍しています。
・育児休暇や生理休暇もあって，取得もしやすいと思います。
・乳がん検診や，子宮がん検診など，健康診断も充実しています。
・仕事柄，美意識が高くなるのか，社内の方は皆さん綺麗です。

職種：事務関連職　　年齢・性別：20代後半・男性

・人事異動や職場環境を含め女性への配慮は一層充実してきています。
・既婚者は自宅近くの支店への異動や，夫の転勤先に応じることも。
・新しい取り組みを通じて，女性社員の長期雇用を目指しています。
・もともと女性には働きやすい職場でしたが，更に良くなった印象。

職種：MR・MS　　年齢・性別：20代後半・女性

・女性が育児のために時短勤務ができるような環境ではないです。
・育休後職場復帰して仕事と育児を両立させるのは難しいかと。
・女性の労働環境を向上させつつありますが，道半ばという感じです。
・出産や育児を考えなければ，男女で出世に差はないと思います。

職種：総務　　年齢・性別：30代前半・女性

・出産，育児休暇はきちんと取得させてもらえました。
・結婚後も働いている女性のほとんどが，休暇を取得しています。
・産休中は給与も会社から支給されます。（育休中は別）
・出産後も大変な思いをすることなく，元の仕事に復帰できます。

▶今後の展望

職種：法人営業　　年齢・性別：20代後半・男性

・まだまだ女性の管理職の割合は少ないのが現状です。
・育休など取りやすいため，最近では復帰する女性も増えています。
・総合職の場合，転勤が多いため既婚者が続けにくいのがネックです。
・社会環境の変化に伴い，今後女性管理職も増やす方針のようです。

職種：法人営業　　年齢・性別：30代後半・男性

・震災後電力会社が向かい風の中，自社へは追い風が吹いています。
・電力市場の完全自由化の流れの中，市場への参入も果たしました。
・現在は規模で上回る電力会社も飲み込もうとする勢いだと思います。
・人材確保や人材育成にも力を入れており，将来性は十分です。

職種：購買・資材　　年齢・性別：30代後半・男性

・女性も管理職を目指せると思いますが，まだ見たことがありません。
・そもそも総合職の女性が少なく，勤続する女性も少ないためかと。
・ダイバーシティやワークライフバランスに会社も注力しています。
・女性総合職，管理職を今後増やしていく方針のようです。

職種：マーケティング・企画系管理職　　年齢・性別：30代後半・男性

・女性管理職を増やしていく方針を打ち出しています。
・実際に年次的に男性社員よりも早く課長に登用された人もいます。
・出産・育児休暇を取ることに対するネガティブな反応はありません。
・マネジメントレベルを目指す女性には良い会社になりつつあります。

資源・素材業界　国内企業リスト（一部抜粋）

区別	会社名	本社住所
ガラス・土石製品	日東紡績	東京都千代田区九段北 4-1-28
	旭硝子	東京都千代田区丸の内一丁目 5 番 1 号
	日本板硝子	大阪市中央区北浜 4 丁目 5 番 33 号
	石塚硝子	愛知県岩倉市川井町 1880 番地
	日本山村硝子	兵庫県尼崎市西向島町 15 番 1 号
	日本電気硝子	滋賀県大津市晴嵐二丁目 7 番 1 号
	オハラ	神奈川県相模原市中央区小山一丁目 15 番 30 号
	住友大阪セメント	東京都千代田区六番町 6 番地 28
	太平洋セメント	東京都港区台場 2-3-5 台場ガーデンシティビル
	デイ・シイ	神奈川県川崎市川崎区東田町 8 番地
	日本ヒューム	東京都港区新橋 5-33-11
	日本コンクリート工業	東京都港区港南 1 丁目 8 番 27 号　日新ビル
	三谷セキサン	福井県福井市豊島 1 丁目 3 番 1 号
	ジャパンパイル	東京都中央区日本橋浜町 2 丁目 1 番 1 号
	東海カーボン	東京都港区北青山 1-2-3
	日本カーボン	東京都中央区八丁堀 2-6-1
	東洋炭素	大阪市北区梅田 3-3-10 梅田ダイビル 10 階
	ノリタケカンパニーリミテド	愛知県名古屋市西区則武新町三丁目 1 番 36 号
	TOTO	福岡県北九州市小倉北区中島 2-1-1
	日本碍子	愛知県名古屋市瑞穂区須田町 2 番 56 号
	日本特殊陶業	名古屋市瑞穂区高辻町 14-18
	ダントーホールディングス	大阪府大阪市北区梅田三丁目 3 番 10 号
	MARUWA	愛知県尾張旭市南本地ヶ原町 3-83
	品川リフラクトリーズ	東京都千代田区大手町 2 丁目 2 番 1 号 新大手町ビル 8F
	黒崎播磨	福岡県北九州市八幡西区東浜町 1 番 1 号
	ヨータイ	大阪府貝塚市二色中町 8 番 1 号
	イソライト工業	大阪府大阪市北区中之島 3 丁目 3 番 23 号
	東京窯業	東京都港区港南 2-16-2 太陽生命品川ビル 10F

区別	会社名	本社住所
ガラス・土石製品	ニッカトー	大阪府堺市堺区遠里小野町 3-2-24
	フジミインコーポレーテッド	愛知県清須市西枇杷島町地領二丁目 1 番地 1
	エーアンドエーマテリアル	横浜市鶴見区鶴見中央 2 丁目 5 番 5 号
	ニチアス	東京都港区芝大門一丁目 1 番 26 号
	ニチハ	愛知県名古屋市中区錦二丁目 18 番 19 号 三井住友銀行名古屋ビル
ゴム製品	横浜ゴム	東京都港区新橋五丁目 36 番 11 号
	東洋ゴム工業	大阪府大阪市西区江戸堀一丁目 17 番 18 号
	ブリヂストン	東京都中央区京橋一丁目 10 番 1 号
	住友ゴム工業	神戸市中央区脇浜町 3 丁目 6 番 9 号
	藤倉ゴム工業	東京都江東区有明 3-5-7
	オカモト	東京都文京区本郷 3 丁目 27 番 12 号
	フコク	埼玉県さいたま市中央区新都心 11-2 ランドアクシスタワー 24F
	ニッタ	大阪府大阪市浪速区桜川 4-4-26
	東海ゴム工業	愛知県小牧市東三丁目 1 番地
	三ツ星ベルト	兵庫県神戸市長田区浜添通 4 丁目 1 番 21 号
	バンドー化学	兵庫県神戸市中央区港島南町 4 丁目 6 番 6 号
パルプ・紙	特種東海製紙	東京都中央区八重洲 2-4-1
	王子ホールディングス	東京都中央区銀座四丁目 7 番 5 号
	日本製紙	東京都千代田区神田駿河台四丁目 6 番地
	三菱製紙	東京都墨田区両国 2 丁目 10 番 14 号
	北越紀州製紙	東京都中央区日本橋本石町 3-2-2
	中越パルプ工業	富山県高岡市米島 282
	巴川製紙所	東京都中央区京橋一丁目 7 番 1 号
	大王製紙	愛媛県四国中央市三島紙屋町 2 番 60 号 東京都中央区八重洲 2 丁目 7 番 2 号 八重洲三井ビル
	レンゴー	大阪府大阪市北区中之島二丁目 2 番 7 号
	トーモク	東京都千代田区丸の内 2-2-2
	ザ・パック	大阪府大阪市東成区東小橋 2 丁目 9-9

区別	会社名	本社住所
化学	クラレ	東京都千代田区大手町 1-1-3 大手センタービル
	旭化成	東京都千代田区神田神保町 1 丁目 105 番地 神保町三井ビル内
	共和レザー	静岡県浜松市南区東町 1876 番地
	コープケミカル	東京都千代田区一番町 23 番地 3
	昭和電工	東京都港区芝大門 1 丁目 13 番 9 号
	住友化学	大阪市中央区北浜 4 丁目 5 番 33 号 住友ビル
	日本化成	東京都中央区新川 1-8-8
	住友精化	大阪市中央区北浜 4 丁目 5 番 33 号 住友ビル本館
	日産化学工業	東京都千代田区神田錦町 3 丁目 7 番地 1
	ラサ工業	東京都中央区京橋 1 － 1 － 1 八重洲ダイビル
	クレハ	東京都中央区日本橋浜町三丁目 3 番 2 号
	多木化学	兵庫県加古川市別府町緑町 2 番地
	テイカ	大阪府大阪市中央区北浜 3 丁目 6 番 13 号 11
	石原産業	大阪府大阪市西区江戸堀一丁目 3 番 15 号
	片倉チッカリン	東京都千代田区九段北一丁目 13 番 5 号
	日本曹達	東京都千代田区大手町二丁目 2 番 1 号 新大手町ビル
	東ソー	東京都港区芝三丁目 8 番 2 号
	トクヤマ	東京都渋谷区渋谷 3-3-1
	セントラル硝子	東京都千代田区神田錦町三丁目 7 番地 1 興和一橋ビル
	東亞合成	東京都港区西新橋一丁目 14 番 1 号
	ダイソー	大阪府大阪市西区阿波座 1-12-18
	関東電化工業	東京都千代田区丸の内 1-2-1
	電気化学工業	東京都中央区日本橋室町二丁目 1 番 1 号 日本橋三井タワー
	信越化学工業	東京都千代田区大手町二丁目 6 番 1 号
	日本カーバイド工業	東京都港区港南 2-11-19
	堺化学工業	大阪府堺市堺区戎之町西 1 丁 1 番 23 号
	エア・ウォーター	大阪市中央区東心斎橋一丁目 20 番 16 号
	大陽日酸	東京都品川区小山一丁目 3 番 26 号

区別	会社名	本社住所
化学	日本化学工業	東京都江東区亀戸 9-11-1
	日本パーカライジング	東京都中央区日本橋一丁目 15 番 1 号
	高圧ガス工業	大阪市北区堂山町 1 番 5 号
	チタン工業	山口県宇部市小串 1978 番地の 25
	四国化成工業	香川県丸亀市土器町東八丁目 537 番地 1
	戸田工業	広島県大竹市明治新開 1-4
	ステラ ケミファ	大阪府大阪市中央区淡路町 3-6-3 NM プラザ御堂筋 3F
	保土谷化学工業	東京都中央区八重洲二丁目 4 番地 1 号 常和八重洲ビル
	日本触媒	大阪府大阪市中央区高麗橋四丁目 1 番 1 号 興銀ビル
	大日精化工業	東京都中央区日本橋馬喰町 1-7-6
	カネカ	大阪市北区中之島二丁目 3 番 18 号
	三菱瓦斯化学	東京都千代田区丸の内二丁目 5 番 2 号 三菱ビル
	三井化学	東京都港区東新橋一丁目 5 番 2 号
	JSR	東京都港区東新橋一丁目 9 番 2 号汐留住友ビル
	東京応化工業	神奈川県川崎市中原区中丸子 150
	大阪有機化学工業	大阪府大阪市中央区安土町 1-7-20
	三菱ケミカル ホールディングス	東京都千代田区丸の内一丁目 1 番 1 号 パレスビル
	日本合成化学工業	大阪府大阪市北区大淀中 1-1-88 梅田スカイビルタワーイースト
	ダイセル	大阪府大阪市北区梅田 3-4-5 毎日インテシオ 東京都港区港南二丁目 18 番 1 号 JR 品川イーストビル
	住友ベークライト	東京都品川区東品川二丁目 5 番 8 号 天王洲パークサイドビル
	積水化学工業	大阪府大阪市北区西天満 2 丁目 4 番 4 号
	日本ゼオン	東京都千代田区丸の内 1-6-2 新丸の内センタービル
	アイカ工業	愛知県清須市西堀江 2288 番地
	宇部興産	宇部本社：山口県宇部市大字小串 1978-96 東京本社：東京都港区芝浦 1-2-1 シーバンス N 館
	積水樹脂	東京都港区海岸 1 丁目 11 番 1 号 ニュービア竹芝ノースタワー
	タキロン	大阪府大阪市北区梅田三丁目 1 番 3 号 ノースゲートビルディング

区別	会社名	本社住所
化学	旭有機材工業	宮崎県延岡市中の瀬町2丁目5955番地
	日立化成	東京都千代田区丸の内一丁目9番2号 （グラントウキョウサウスタワー）
	ニチバン	東京都文京区関口二丁目3番3号
	リケンテクノス	東京都中央区日本橋本町3丁目11番5号
	大倉工業	香川県丸亀市中津町1515番地
	積水化成品工業	大阪府北区西天満2丁目4番4号 関電堂島ビル
	群栄化学工業	群馬県高崎市宿大類町700番地
	タイガースポリマー	大阪府豊中市新千里東町1丁目4番1号 （阪急千里中央ビル8階）
	ミライアル	東京都豊島区西池袋 1-18-2
	日本化薬	東京都千代田区富士見 1-11-2 東京富士見ビル
	カーリット ホールディングス	東京都中央区京橋1丁目17番10号
	日本精化	大阪府大阪市中央区備後町2丁目4番9号 日本精化ビル
	ADEKA	東京都荒川区東尾久七丁目2番35号
	日油	東京都渋谷区恵比寿 4-20-3 恵比寿ガーデンプレイスタワー
	新日本理化	大阪府大阪市中央区備後町2丁目1番8号
	ハリマ化成グループ	東京都中央区日本橋3丁目8番4号※1
	花王	東京都中央区日本橋茅場町一丁目14番10号
	第一工業製薬	京都府京都市南区吉祥院大河原町5
	三洋化成工業	京都府京都市東山区一橋野本町11番地の1
	大日本塗料	大阪府大阪市此花区西九条六丁目1番124号
	日本ペイント	大阪府大阪市北区大淀北 2-1-2
	関西ペイント	大阪府大阪市中央区今橋2丁目6番14号
	神東塗料	兵庫県尼崎市南塚口町6丁目10番73号
	中国塗料	東京都千代田区霞が関3丁目2番6号 東京倶楽部ビルディング
	日本特殊塗料	東京都北区王子5丁目16番7号
	藤倉化成	東京都港区芝公園 2-6-15 黒龍芝公園ビル
	太陽ホールディングス	東京都練馬区羽沢二丁目7番1号

区別	会社名	本社住所
化学	DIC	東京都千代田区神田淡路町2丁目101番地 ワテラスタワー
	サカタインクス	大阪府大阪市西区江戸堀一丁目23番37号
	東洋インキSC ホールディングス	東京都中央区京橋三丁目7番1号
	T＆K　TOKA	東京都板橋区泉町20番4号
	富士フイルム ホールディングス	東京都港区赤坂九丁目7番3号 ミッドタウン・ウェスト
	資生堂	東京都港区東新橋一丁目6番2号
	ライオン	東京都墨田区本所一丁目3番7号
	高砂香料工業	東京都大田区蒲田 5-37-1
	マンダム	大阪府大阪市中央区十二軒町 5-12
	ミルボン	大阪府大阪市都島区善源寺町二丁目3番35号
	ファンケル	神奈川県横浜市中区山下町89番地1
	コーセー	東京都中央区日本橋三丁目6番2号 日本橋フロント
	ドクターシーラボ	東京都渋谷区広尾一丁目1番39号 恵比寿プライムスクエアタワー 14F
	シーボン	神奈川県川崎市宮前区菅生1丁目20番8号
	ポーラ・オルビス ホールディングス	東京都中央区銀座 1-7-7　ポーラ銀座ビル
	ノエビアホールディングス	兵庫県神戸市中央区港島中町 6-13-1
	エステー	東京都新宿区下落合一丁目4番10号
	コニシ	大阪府大阪市中央区道修町一丁目7番1号 （北浜 TNK ビル）
	長谷川香料	東京都中央区日本橋本町4丁目4番14号
	星光PMC	東京都中央区日本橋本町3丁目3番6号
	小林製薬	大阪府大阪市中央区道修町四丁目4番10号 KDX 小林道修町ビル
	荒川化学工業	大阪市中央区平野町1丁目3番7号
	メック	兵庫県尼崎市昭和通3丁目95番地
	日本高純度化学	東京都練馬区北町三丁目10番18号
	JCU	東京都台東区東上野4丁目8－1 TIXTOWER UENO 16 階
	新田ゼラチン	大阪市浪速区桜川4丁目4番26号

区別	会社名	本社住所
化学	アース製薬	東京都千代田区神田司町二丁目 12 番地 1
	イハラケミカル工業	東京都台東区池之端一丁目 4-26
	北興化学工業	東京都中央区日本橋本石町四丁目 4 番 20 号（三井第二別館）
	大成ラミック	埼玉県白岡市下大崎 873-1
	クミアイ化学工業	東京都台東区池之端一丁目 4 番 26 号
	日本農薬	東京都中央区京橋 1-19-8（京橋 OM ビル）
	アキレス	東京都新宿区大京町 22-5
	有沢製作所	新潟県上越市南本町 1-5-5
	日東電工	大阪府大阪市北区大深町 4-20 グランフロント大阪タワー A
	レック	東京都中央区日本橋浜町 3-15-1 日本橋安田スカイゲート 6 階
	きもと	埼玉県さいたま市中央区鈴谷 4 丁目 6 番 35 号
	藤森工業	東京都新宿区西新宿一丁目 23 番 7 号 新宿ファーストウエスト 10 階
	前澤化成工業	東京都中央区八重洲二丁目 7 番 2 号
	JSP	東京都千代田区丸の内 3-4-2（新日石ビル）
	エフピコ	広島県福山市曙町 1 丁目 12 番 15 号
	天馬	東京都北区赤羽 1-63-6
	信越ポリマー	東京都中央区日本橋本町 4-3-5 信越ビル
	東リ	兵庫県伊丹市東有岡 5 丁目 125 番地
	ニフコ	神奈川県横浜市戸塚区舞岡町 184-1
	日本バルカー工業	東京都品川区大崎二丁目 1 番 1 号
	ユニ・チャーム	東京都港区三田 3-5-27
金属製品	稲葉製作所	東京都大田区矢口 2 丁目 5 番 25 号
	宮地エンジニアリンググループ	東京都中央区日本橋富沢町 9 番 19 号
	トーカロ	兵庫県神戸市東灘区深江北町 4 丁目 13 番 4 号
	アルファ	神奈川県横浜市金沢区福浦 1-6-8
	SUMCO	東京都港区芝浦一丁目 2 番 1 号
	川田テクノロジーズ	東京都北区滝野川 1-3-11

区別	会社名	本社住所
金属製品	東洋製罐グループ ホールディングス	東京都品川区東五反田 2-18-1 大崎フォレストビルディング
	ホッカンホールディングス	東京都千代田区丸の内 2-2-2　丸の内三井ビル
	コロナ	新潟県三条市東新保 7 番 7 号
	横河ブリッジ ホールディングス	千葉県船橋市山野町 27　横河テクノビル
	日本橋梁	東京都江東区豊洲 5 丁目 6 番 52 号 （NBF 豊洲キャナルフロント）
	駒井ハルテック	東京都台東区上野 1 丁目 19 番 10 号
	高田機工	東京都中央区日本橋大伝馬町 3 番 2 号 （Daiwa 小伝馬町ビル）
	三和ホールディングス	東京都新宿区西新宿 2 丁目 1 番 1 号 新宿三井ビル 52 階
	文化シヤッター	東京都文京区西片 1 丁目 17 番 3 号
	三協立山	富山県高岡市早川 70
	東洋シヤッター	大阪市中央区南船場二丁目 3 番 2 号
	LIXIL グループ	東京都千代田区霞が関三丁目 2 番 5 号 霞が関ビルディング 36 階
	日本フイルコン	東京都稲城市大丸 2220
	ノーリツ	兵庫県神戸市中央区江戸町 93 番地（栄光ビル）
	長府製作所	山口県下関市長府扇町 2 番 1 号
	リンナイ	愛知県名古屋市中川区福住町 2-26
	ダイニチ工業	新潟県 新潟市南区北田中 780-6
	日東精工	京都府綾部市井倉町梅ケ畑 20 番地
	三洋工業	東京都江東区亀戸 6-20-7
	岡部	東京都墨田区押上 2 丁目 8 番 2 号
	中国工業	広島県呉市広名田一丁目 3 番 1 号
	東プレ	東京都中央区日本橋 3-12-2（朝日ビル）
	高周波熱錬	東京都品川区東五反田二丁目 17 番 1 号 オーバルコート大崎マークウエスト
	東京製綱	東京都中央区日本橋 3-6-2（日本橋フロント）
	サンコール	京都市右京区梅津西浦町 14 番地
	モリテック　スチール	大阪府大阪市中央区谷町 6-18-31
	パイオラックス	神奈川県横浜市保土ケ谷区岩井町 51

区別	会社名	本社住所
金属製品	日本発條	神奈川県横浜市金沢区福浦 3-10
	中央発條	愛知県名古屋市緑区鳴海町上汐田 68 番地
	アドバネクス	東京都北区田端六丁目 1 番 1 号 田端アスカタワー
	三益半導体工業	群馬県高崎市保渡田町 2174-1
鉱業	住石ホールディングス	東京都港区新橋 2 丁目 12 番 15 号（田中田村町ビル）
	日鉄鉱業	東京都千代田区丸の内 2 丁目 3-2
	三井松島産業	福岡県福岡市中央区大手門 1 丁目 1 番 12 号
	国際石油開発帝石	東京都港区赤坂 5-3-1　赤坂 Biz タワー 32F
	日本海洋掘削	東京都中央区日本橋堀留町 2-4-3 新堀留ビル
	関東天然瓦斯開発	東京都中央区日本橋室町二丁目 1-1 三井二号館
	石油資源開発	東京都千代田区丸の内一丁目 7 番 12 号
石油・石炭製品	日本コークス工業	東京都江東区豊洲三丁目 3 番 3 号
	昭和シェル石油	東京都港区台場二丁目 3 番 2 号 台場フロンティアビル
	コスモ石油	東京都港区芝浦一丁目 1 番 1 号 浜松町ビルディング
	ニチレキ	東京都千代田区九段北 4-3-29
	東燃ゼネラル石油	東京都港区港南一丁目 8 番 15 号
	ユシロ化学工業	東京都大田区千鳥 2-34-16
	ビーピー・カストロール	東京都品川区大崎 1 － 11 － 2　ゲートシティ大崎
	富士石油	東京都品川区東品川二丁目 5 番 8 号 天王洲パークサイドビル 10 階・11 階
	MORESCO	兵庫県神戸市中央区港島南町 5-5-3
	出光興産	東京都千代田区丸の内 3 丁目 1 番 1 号
	JX ホールディングス	東京都千代田区大手町 2-6-3
繊維製品	片倉工業	東京都中央区明石町 6-4 ニチレイ明石町ビル
	グンゼ	大阪市北区梅田 1 丁目 8-17　大阪第一生命ビル
	東洋紡	大阪市北区堂島浜二丁目 2 番 8 号
	ユニチカ	大阪府大阪市中央区久太郎町四丁目 1 番 3 号 大阪センタービル
	富士紡ホールディングス	東京都中央区日本橋人形町 1-18-12
	日清紡ホールディングス	東京都中央区日本橋人形町 2-31-11

区別	会社名	本社住所
繊維製品	倉敷紡績	大阪市中央区久太郎町2丁目4番31号
	シキボウ	大阪府大阪市中央区備後町3-2-6
	日本毛織	大阪府大阪市中央区瓦町三丁目3-10
	大東紡織	東京都中央区日本橋小舟町6番6号 小倉ビル
	トーア紡コーポレーション	大阪府大阪市中央区瓦町三丁目1番4号
	ダイドーリミテッド	東京都千代田区外神田三丁目1番16号
	帝国繊維	東京都中央区日本橋2丁目5番13号
	帝人	大阪府大阪市中央区南本町一丁目6番7号
	東レ	東京都中央区日本橋室町二丁目1番1号 日本橋三井タワー
	サカイオーベックス	福井県福井市花堂中2丁目15-1
	住江織物	大阪府大阪市中央区南船場三丁目11番20号
	日本フエルト	東京都北区赤羽西1丁目7番11号
	イチカワ	東京都文京区本郷2丁目14番15号
	日本バイリーン	東京都中央区築地五丁目6番4号 浜離宮三井ビルディング
	日東製網	広島県福山市一文字町14番14号
	芦森工業	大阪府大阪市西区北堀江3丁目10番18号
	アツギ	神奈川県海老名市大谷北1丁目9-1
	ダイニック	東京都港区新橋6-17-19（新御成門ビル）
	セーレン	福井県福井市毛矢1-10-1
	東海染工	愛知県名古屋市西区牛島町6番1号 3-28-12
	小松精練	石川県能美市浜町ヌ167
	ワコールホールディングス	京都府京都市南区吉祥院中島町29
	ホギメディカル	東京都港区赤坂2丁目7番7号
	レナウン	東京都江東区有明三丁目6番11号 TFTビル東館6F
	クラウディア	京都市右京区西院高田町34番地
	TSIホールディングス	東京都千代田区麹町五丁目7番1号
	三陽商会	東京都港区海岸一丁目2番20号 汐留ビルディング（21階〜24階）
	ナイガイ	東京都墨田区緑4-19-17

区別	会社名	本社住所
繊維製品	オンワードホールディングス	東京都中央区京橋１丁目７番１号 TODA BUILDING
	ルック	東京都目黒区中目黒２丁目７番７号
	キムラタン	兵庫県神戸市中央区京町 72 番地
	ゴールドウイン	東京都渋谷区松濤 2-20-6
	デサント	東京都豊島区目白 1-4-8 大阪市天王寺区堂ヶ芝 1-11-3
	キング	東京都品川区西五反田 2-14-9
	ヤマトインターナショナル	大阪府大阪市中央区博労町 2-3-9
鉄鋼	新日鐵住金	東京都千代田区丸の内２丁目 6-1
	神戸製鋼所	神戸市中央区脇浜海岸通２丁目 2-4
	中山製鋼所	大阪市大正区船町 1-1-66
	合同製鐵	大阪市北区堂島浜二丁目２番８号
	ジェイ エフ イーホールディングス	東京都千代田区内幸町２丁目２番３号（日比谷国際ビル 28 階）
	日新製鋼ホールディングス	東京都千代田区丸の内三丁目４番１号（新国際ビル）
	東京製鐵	東京都千代田区霞が関三丁目７番１号
	共英製鋼	大阪市北区堂島浜１丁目４番 16 号
	大和工業	兵庫県姫路市大津区吉美 380 番地
	東京鐵鋼	栃木県小山市横倉新田 520 番地
	大阪製鐵	大阪府大阪市大正区南恩加島一丁目 9-3
	淀川製鋼所	大阪市中央区南本町四丁目１番１号
	東洋鋼鈑	東京都千代田区四番町２番地 12
	丸一鋼管	大阪市西区北堀江 3-9-10
	モリ工業	大阪府大阪市中央区西心斎橋 2-2-3（ORE 心斎橋ビル９階）
	大同特殊鋼	愛知県名古屋市東区東桜 1-1-10 アーバンネット名古屋ビル 22 階
	日本高周波鋼業	東京都千代田区岩本町一丁目 10 番５号
	日本冶金工業	東京都中央区京橋１丁目５番８号
	山陽特殊製鋼	兵庫県姫路市飾磨区中島 3007
	愛知製鋼	愛知県東海市荒尾町ワノ割１番地
	日立金属	東京都港区芝浦一丁目２番１号 シーバンスＮ館

区別	会社名	本社住所
鉄鋼	日本金属	東京都港区芝 5 丁目 30-7
	大平洋金属	青森県八戸市大字河原木字遠山新田 5-2
	日本電工	東京都中央区八重洲 1-4-16 東京建物八重洲ビル 4 階
	栗本鐵工所	大阪府大阪市西区北堀江 1-12-19
	虹技	兵庫県姫路市大津区勘兵衛町 4 丁目 1
	日本鋳鉄管	埼玉県久喜市菖蒲町昭和沼一番地
	三菱製鋼	東京都中央区晴海三丁目 2 番 22 号 （晴海パークビル）
	日亜鋼業	兵庫県尼崎市道意町 6 丁目 74 番地
	日本精線	大阪市中央区高麗橋四丁目 1 番 1 号 興銀ビル 9F
	シンニッタン	神奈川県川崎市川崎区貝塚 1-13-1
	新家工業	大阪府大阪市中央区南船場 2-12-12
電気・ガス業	東京電力	東京都千代田区内幸町 1-1-3
	中部電力	愛知県名古屋市東区東新町 1 番地
	関西電力	大阪府大阪市北区中之島三丁目 6 番 16 号
	中国電力	広島県広島市中区小町 4 番 33 号
	北陸電力	富山県富山市牛島町 15-1
	東北電力	宮城県仙台市青葉区本町一丁目 7 番 1 号
	四国電力	香川県高松市丸の内 2 番 5 号
	九州電力	福岡県福岡市中央区渡辺通二丁目 1 番 82 号
	北海道電力	北海道札幌市中央区大通東 1 丁目 2
	沖縄電力	沖縄県浦添市牧港 5-2-1
	電源開発	東京都中央区銀座 6-15-1
	東京瓦斯	東京都港区海岸一丁目 5 番 20 号
	大阪瓦斯	大阪市中央区平野町四丁目 1 番 2 号
	東邦瓦斯	愛知県名古屋市熱田区桜田町 19 番 18 号
	北海道瓦斯	札幌市中央区大通西 7 丁目 3-1 エムズ大通ビル
	西部瓦斯	福岡県福岡市博多区千代 1 丁目 17 番 1 号
	静岡瓦斯	静岡県静岡市駿河区八幡一丁目 5-38

区別	会社名	本社住所
非鉄金属	大紀アルミニウム工業所	大阪市西区土佐堀１丁目４番８号（日栄ビル）
	日本軽金属ホールディングス	東京都品川区東品川２丁目２番20号
	三井金属鉱業	東京都品川区大崎 1-11-1 ゲートシティ大崎 ウェストタワー 19F
	東邦亜鉛	東京都中央区日本橋本町一丁目６番１号
	三菱マテリアル	東京都千代田区大手町 1-3-2
	住友金属鉱山	東京都港区新橋５丁目11番３号（新橋住友ビル）
	DOWA ホールディングス	東京都千代田区外神田四丁目14番１号 秋葉原 UDX ビル 22 階
	古河機械金属	東京都千代田区丸の内 2-2-3 （丸の内仲通りビルディング）
	エス・サイエンス	東京都中央区銀座８－９－13　K-18 ビル７階
	大阪チタニウムテクノロジーズ	兵庫県尼崎市東浜町１番地
	東邦チタニウム	神奈川県茅ヶ崎市茅ヶ崎３丁目３番地５号
	UACJ	東京都千代田区大手町 1-7-2
	古河電気工業	東京都千代田区丸の内 2-2-3
	住友電気工業	大阪市中央区北浜４丁目５番33号（住友ビル本館）
	フジクラ	東京都江東区木場 1-5-1
	昭和電線ホールディングス	東京都港区虎ノ門一丁目１番18号
	東京特殊電線	東京都港区新橋六丁目１番11号
	タツタ電線	大阪府東大阪市岩田町２丁目３番１号
	沖電線	神奈川県川崎市中原区下小田中２丁目 12-8
	カナレ電気	神奈川県横浜市港北区新横浜二丁目４番１号 新横浜 WN ビル 4F
	平河ヒューテック	東京都品川区南大井 3-28-10
	リョービ	広島県府中市目崎町 762 番地
	アサヒホールディングス	兵庫県神戸市中央区加納町 4-4-17 ニッセイ三宮ビル 16F

第3章

就職活動のはじめかた

入りたい会社は決まった。しかし「就職活動とはそもそ
も何をしていいのかわからない」「どんな流れで進むか
わからない」という声は意外と多い。ここでは就職活
動の一般的な流れや内容，対策について解説していく。

▶就職活動のスケジュール

3月	**4月**	**6月**

就職活動スタート

> 2025年卒の就活スケジュールは,経団連と政府を中心に議論され,2024年卒の採用選考スケジュールから概ね変更なしとされている。

エントリー受付・提出

OB・OG訪問

> 企業の説明会には積極的に参加しよう。独自の企業研究だけでは見えてこなかった新たな情報を得る機会であるとともに,モチベーションアップにもつながる。また,説明会に参加した者だけに配布する資料などもある。

合同企業説明会　　**個別企業説明会**

筆記試験・面接試験等始まる（3月～）

内々定（大手企業）

2月末までにやっておきたいこと

就職活動が本格化する前に,以下のことに取り組んでおこう。
◎自己分析　◎インターンシップ　◎筆記試験対策
◎業界研究・企業研究　◎学内就職ガイダンス

自分が本当にやりたいことはなにか,自分の能力を最大限に活かせる会社はどこか。自己分析と企業研究を重ね,それを文章などにして明確にしておき,面接時に最大限に活用できるようにしておこう。

7月　　　　　　　**8月**　　　　　　　**10月**

中 小 企 業 採 用 本 格 化

内定者の数が採用予定数に満た
ない企業，1年を通して採用を継
続している企業，夏休み以降に採
用活動を実施企業（後期採用）は
採用活動を継続して行っている。
大企業でも後期採用を行っている
こともあるので，企業から内定が
出ても，納得がいかなければ継続
して就職活動を行うこともある。

中小企業の採用が本格化するのは大手
企業より少し遅いこの時期から。HP
などで採用情報をつかむとともに，企
業研究も怠らないようにしよう。

内々定とは10月1日以前に通知（電話等）
されるもの。内定に関しては現在協定があり，
10月1日以降に文書等にて通知される。

内々定（中小企業）　　　　内定式（10 月〜）

どんな人物が求められる？

多くの企業は，常識やコミュニケーション能力があり，社会のできごと
に高い関心を持っている人物を求めている。これは「会社の一員とし
て将来の企業発展に寄与してくれるか」という視点に基づく，もっとも
普遍的な選考基準だ。もちろん，「自社の志望を真剣に考えているか」
「自社の製品，サービスにどれだけの関心を向けているか」という熱
意の部分も重要な要素になる。

就活ロールプレイ！

就職活動のスタート

内定までの道のりは，大きく分けると以下のようになる。

自 己 分 析

↓

企 業 研 究

↓

エントリーシート・筆記試験・面接

↓

内 定

01 まず自己分析からスタート

　就職活動とは，「企業に自分をPRすること」。自分自身の興味，価値観に加えて，強み・能力という要素が加わって，初めて企業側に「自分が働いたら，こういうポイントで貢献できる」と自分自身を売り込むことができるようになる。

■自分の来た道を振り返る

　自己分析をするための第一歩は，「振り返ってみる」こと。

　小学校，中学校など自分のいた"場"ごとに何をしたか（部活動など），何を学んだか，交友関係はどうだったか，興味のあったこと，覚えている印象的なことを書き出してみよう。

■テストを受けてみる

　"自分では気がついていない能力"を客観的に検査してもらうことで，自分に向いている職種が見えてくる。下記の5種類が代表的なものだ。

①職業適性検査　　②知能検査　　③性格検査

④職業興味検査　　⑤創造性検査

■先輩や専門家に相談してみる

　就職活動をするうえでは，"いかに他人に自分のことをわかってもらうか"が重要なポイント。他者の視点で自分を分析してもらうことで，より客観的な視点で自己PRができるようになる。

自己分析の流れ

❏ 過去の経験を書いてみる

❏ 現在の自己イメージを明確にする…行動，考え方，好きなものなど。

❏ 他人から見た自分を明確にする

❏ 将来の自分を明確にしてみる…どのような生活をおくっていたいか。期待，夢，願望。なりたい自分はどういうものか，掘り下げて考える。→自己分析結果を，志望動機につなげていく。

理論編 STEP2 　企業の情報を収集する

01　企業の絞り込み

　志望企業の絞り込みについての考え方は大きく分けて2つある。

　第1は，同一業種の中で1次候補，2次候補……と絞り込んでいく方法。

　第2は，業種を1次，2次，3次候補と変えながら，それぞれに2社程度ずつ絞り込んでいく方法。

　第1の方法では，志望する同一業種の中で，一流企業，中堅企業，中小企業，縁故などがある歯止めの会社……というふうに絞り込んでいく。

　第2の方法では，自分が最も望んでいる業種，将来好きになれそうな業種，発展性のある業種，安定性のある業種，現在好況な業種……というふうに区別して，それぞれに適当な会社を絞り込んでいく。

02　情報の収集場所

・キャリアセンター

・新聞

・インターネット

・企業情報

　『就職四季報』（東洋経済新報社刊），『日経会社情報』（日本経済新聞社刊）などの企業情報。この種の資料は本来"株式市場"についての資料だが，その時期の景気動向を含めた情報を仕入れることができる。

・経済雑誌

　『ダイヤモンド』（ダイヤモンド社刊）や『東洋経済』（東洋経済新報社刊），『エコノミスト』（毎日新聞出版刊）など。

・OB・OG／社会人

①成長力

まず“売上高”。次に資本力の問題や利益率などの比率。いくら資本金があっても，それを上回る膨大な借金を抱えていて，いくら稼いでも利払いに追われまくるようでは，成長できないし，安定できない。

成長力を見るには自己資本率を割り出してみる。自己資本を総資本で割って100を掛けると自己資本率がパーセントで出てくる。自己資本の比率が高いほうが成長力もあり安定度も高い。

利益率は純利益を売上高で割って100を掛ける。利益率が高ければ，企業はどんどん成長するし，社員の待遇も上昇する。利益率が低いということは，仕事がどんなに忙しくても利益にはつながらないということになる。

②技術力

技術力は，短期的な見方と長期的な展望が必要になってくる。研究部門が適切な規模か，大学など企業外の研究部門との連絡があるか，先端技術の分野で開発を続けているかどうかなど。

③経営者と経営形態

会社が将来，どのような発展をするか，または衰退するかは経営者の経営哲学，経営方針によるところが大きい。社長の経歴を知ることも必要。創始者の息子，孫といった親族が社長をしているのか，サラリーマン社長か，官庁などからの天下りかということも大切なチェックポイント。

④社風

社風というのは先輩社員から後輩社員に伝えられ，教えられるもの。社風もいろいろな面から必ずチェックしよう。

⑤安定性

企業が成長しているか，安定しているかということは車の両輪。どちらか片方の回転が遅くなっても企業はバランスを失う。安定し，しかも成長する。これが企業として最も理想とするところ。

⑥待遇

初任給だけを考えてみても，それが手取りなのか，基本給なのか。基本給というのはボーナスから退職金，定期昇給の金額にまで響いてくる。また，待遇というのは給与ばかりではなく，福利厚生施設でも大きな差が出てくる。

■そのほかの会社比較の基準

1. ゆとり度

休暇制度は，企業によって独自のものを設定しているところもある。「長期休暇制度」といったものなどの制定状況と，また実際に取得できているかどうかも調べたい。

2. 独身寮や住宅設備

最近では，社宅は廃止し，住宅手当を多く出すという流れもある。寮や社宅についての福利厚生は調べておく。

3. オフィス環境

会社に根づいた慣習や社員に対する考え方が，意外にオフィスの設備やレイアウトに表れている場合がある。

たとえば，個人の専有スペースの広さや区切り方，パソコンなどOA機器の設置状況，上司と部下の机の配置など，会社によってずいぶん違うもの。玄関ロビーや受付の様子を観察するだけでも，会社ごとのカラーや特徴がどこかに見えてくる。

4. 勤務地

転勤はイヤ，どうしても特定の地域で生活していきたい。そんな声に応えて，最近は流通業などを中心に，勤務地限定の雇用制度を取り入れる企業も増えている。

---

column 初任給では分からない本当の給与

会社の給与水準には「初任給」「平均給与」「平均ボーナス」「モデル給与」など，判断材料となるいくつかのデータがある。これらのデータからその会社の給料の優劣を判断するのは非常に難しい。

たとえば中小企業の中には，初任給が飛び抜けて高い会社がときどきある。しかしその後の昇給率は大きくないのがほとんど。

一方，大手企業の初任給は業種間や企業間の差が小さく，ほとんど横並びと言っていい。そこで，「平均給与」や「平均ボーナス」などで将来の予測をするわけだが，これは一応の目安とはなるが，個人差があるので正確とは言えない。

■決定版「就職ノート」はこう作る

1冊にすべて書き込みたいという人には, ルーズリーフ形式のノートがお勧め。会社研究, スケジュール, 時事用語, OB／OG訪問, 切り抜きなどの項目を作りインデックスをつける。

カレンダー, 説明会, 試験などのスケジュール表を貼り, とくに会社別の説明会, 面談, 書類提出, 試験の日程がひと目で分かる表なども作っておく。そして見開き2ページで1社を載せ, 左ページに企業研究, 右ページには志望理由, 自己PRなどを整理する。

就職ノートの主なチェック項目

❑企業研究…資本金, 業務内容, 従業員数など基礎的な会社概要から, 過去の採用状況, 業務報告などのデータ

❑採用試験メモ…日程, 条件, 提出書類, 採用方法, 試験の傾向など

❑店舗・営業所見学メモ…流通関係, 銀行などの場合は, 客として訪問し, 商品 (値段, 使用価値, ユーザーへの配慮), 店員 (接客態度, 商品知識, 熱意, 親切度), 店舗 (ショーケース, 陳列の工夫, 店内の清潔さ) などの面をチェック

❑OB／OG訪問メモ…OB／OGの名前, 連絡先, 訪問日時, 面談場所, 質疑応答のポイント, 印象など

❑会社訪問メモ…連絡先, 人事担当者名, 会社までの交通機関, 最寄り駅からの地図, 訪問のときに得た情報や印象, 訪問にいたるまでの経過も記入

05 「OB／OG訪問」

　「OB／OG訪問」は，実際は採用予備選考開始。まず，OB／OG訪問を希望したら，大学のキャリアセンター，教授などの紹介で，志望企業に勤める先輩の手がかりをつかむ。もちろん直接電話なり手紙で，自分の意向を会社側に伝えてもいい。自分の在籍大学，学部をはっきり言って，「先輩を紹介していただけないでしょうか」と依頼しよう。

参考 ▶

OB／OG訪問時の質問リスト例

●採用について
　・成績と面接の比重　　　　　　　・評価のポイント
　・採用までのプロセス（日程）　　・筆記試験の傾向と対策
　・面接は何回あるか　　　　　　　・コネの効力はどうか
　・面接で質問される事項　etc.

●仕事について
　・内容（入社10年, 20年のOB/OG）　・新入社員の仕事
　・希望職種につけるのか　　　　　　・やりがいはどうか
　・残業，休日出勤，出張など　　　　・同業他社と比較してどうか　etc.

●社風について
　・社内のムード　　　　　　　　・上司や同僚との関係
　・仕事のさせ方　etc.

●待遇について
　・給与について　　　　　　　　・福利厚生の状態
　・昇進のスピード　　　　　　　・離職率について　etc.

インターンシップとは，学生向けに企業が用意している「就業体験」プログラム。ここで学生はさまざまな企業の実態をより深く知ることができ，その後の就職活動において自己分析，業界研究，職種選びなどに活かすことができる。また企業側にとっても有能な学生を発掘できるというメリットがあるため，導入する企業は増えている。

インターンシップ参加が採用につながっているケースもあるため，たくさん参加してみよう。

---

column　コネを利用するのも1つの手段？

コネを活用できるのは，以下のような場合である。

・企業と大学に何らかの「連絡」がある場合

　企業の新卒採用の場合，特定校・指定校が決められていることもある。企業側が過去の実績などに基づいて決めており，大学の力が大きくものをいう。

　とくに理工系では，指導教授や研究室と企業との連絡が密接な場合が多く，教授の推薦が有利であることは言うまでもない。同じ大学出身の先輩とのコネも，この部類に区分できる。

・志望企業と「関係」ある人と関係がある場合

　一般的に言えば，志望企業の取り引き先関係からの紹介というのが一番多い。ただし，年間億単位の実績が必要で，しかも部長・役員以上につながっていなければコネがあるとは言えない。

・志望企業と何らかの「親しい関係」がある場合

　志望企業に勤務したりアルバイトをしていたことがあるという場合。インターンシップもここに分類される。職場にも馴染みがあり人間関係もできているので，就職に際してきわめて有利。

・志望会社に関係する人と「縁故」がある場合

　縁故を「血縁関係」とした場合，日本企業ではこのコネはかなり有効なところもある。ただし，血縁者が同じ会社にいるというのは不都合なことも多いので，どの企業も慎重。

1. 受付の様子

受付事務がテキパキとしていて，分かりやすいかどうか。社員の態度が親切で誠意が伝わってくるかどうか。

こういった受付の様子からでも，その会社の社員教育の程度や，新入社員採用に対する熱意とか期待を推し測ることができる。

2. 控え室の様子

控え室が2カ所以上あって，国立大学と私立大学の訪問者とが，別々に案内されているようなことはないか。また，面談の順番を意図的に変えているようなことはないか。これはよくある例で，すでに大半は内定しているということを意味する場合が多い。

3. 社内の雰囲気

社員の話し方，その内容を耳にはさむだけでも，社風が伝わってくる。

4. 面談の様子

何時間も待たせたあげくに，きわめて事務的に，しかも投げやりな質問しかしないような採用担当者である場合，この会社は人事が適正に行われていないということだから，一考したほうがよい。

参考 ▶ 説明会での質問項目

・質問内容が抽象的でなく，具体性のあるものかどうか。
・質問内容は，現在の社会・経済・政治などの情況を踏まえた，
　大学生らしい高度で専門性のあるものか。
・質問をするのはいいが，「それでは，あなたの意見はどうか」と
　逆に聞かれたとき，自分なりの見解が述べられるものであるか。

提出する書類は6種類。①〜③が大学に申請する書類，④〜⑥が自分で書く書類だ。大学に申請する書類は一度に何枚も入手しておこう。

①「卒業見込証明書」
②「成績証明書」
③「健康診断書」
④「履歴書」
⑤「エントリーシート」
⑥「会社説明会アンケート」

■自分で書く書類は「自己PR」

第1次面接に進めるか否かは「自分で書く書類」の出来にかかっている。「履歴書」と「エントリーシート」は会社説明会に行く前に準備しておくもの。「会社説明会アンケート」は説明会の際に書き，その場で提出する書類だ。

01 履歴書とエントリーシートの違い

Webエントリーを受け付けている企業に資料請求をすると，資料と一緒に「エントリーシート」が送られてくるので，応募サイトのフォームやメールでエントリーシートを送付する。Webエントリーを行っていない企業には，ハガキやメールで資料請求をする必要があるが，「エントリーシート」は履歴書とは異なり，企業が設定した設問に対して回答するもの。すなわちこれが「1次試験」であり，これにパスをした人だけが会社説明会に呼ばれる。

02 記入の際の注意点

■字はていねいに

　字を書くところから，その企業に対する"本気度"は測られている。

■誤字，脱字は厳禁

　使用するのは，黒のインク。

■修正液使用は不可

■数字は算用数字

■自分の広告を作るつもりで書く

　自分はこういう人間であり，何がしたいかということを簡潔に書く。メリットになることだけで良い。自分に損になるようなことを書く必要はない。

■「やる気」を示す具体的なエピソードを

　「私はやる気があります」「私は根気があります」という抽象的な表現だけではNG。それを示すエピソードのようなものを書かなくては意味がない。

─ Point ─

　自己紹介欄の項目はすべて「自己PR」。自分はこういう人間であることを印象づけ，それがさらに企業への「志望動機」につながっていくような書き方をする。

column　履歴書やエントリーシートは，共通でもいい？

　「履歴書」や「エントリーシート」は企業によって書き分ける。業種はもちろん，同じ業界の企業であっても求めている人材が違うからだ。各書類は提出前にコピーを取り，さらに出した企業名を忘れずに書いておくことも大切だ。

写真	スナップ写真は不可。 スーツ着用で,胸から上の物を使用する。ポイントは「清潔感」。 氏名・大学名を裏書きしておく。
日付	郵送の場合は投函する日,持参する場合は持参日の日付を記入する。
生年月日	西暦は避ける。元号を省略せずに記入する。
氏名	戸籍上の漢字を使う。印鑑押印欄があれば忘れずに押す。
住所	フリガナ欄がカタカナであればカタカナで,平仮名であれば平仮名で記載する。
学歴	最初の行の中央部に「学□□歴」と2文字程度間隔を空けて,中学校卒業から大学(卒業・卒業見込み)まで記入する。 中途退学の場合は,理由を簡潔に記載する。留年は記入する必要はない。 職歴がなければ,最終学歴の一段下の行の右隅に,「以上」と記載する。
職歴	最終学歴の一段下の行の中央部に「職□□歴」と2文字程度間隔を空け記入する。 「株式会社」や「有限会社」など,所属部門を省略しないで記入する。 「同上」や「〃」で省略しない。 最終職歴の一段下の行の右隅に,「以上」と記載する。
資格・免許	4級以下は記載しない。学習中のものも記載して良い。 「普通自動車第一種運転免許」など,省略せずに記載する。
趣味・特技	具体的に(例:読書でもジャンルや好きな作家を)記入する。
志望理由	その企業の強みや良い所を見つけ出したうえで,「自分の得意な事」がどう活かせるかなどを考えぬいたものを記入する。
自己PR	応募企業の事業内容や職種にリンクするような,自分の経験やスキルなどを記入する。
本人希望欄	面接の連絡方法,希望職種・勤務地などを記入する。「特になし」や空白はNG。
家族構成	最初に世帯主を書き,次に配偶者,それから家族を祖父母,兄弟姉妹の順に。続柄は,本人から見た間柄。兄嫁は,義姉と書く。
健康状態	「良好」が一般的。

理論編 STEP4 エントリーシートの記入

01 エントリーシートの目的

・応募者を，決められた採用予定者数に絞り込むこと
・面接時の資料にする

の2つ。

■知りたいのは職務遂行能力

採用担当者が学生を見る場合は，「こいつは与えられた仕事をこなせるかどう
か」という目で見ている。企業に必要とされているのは仕事をする能力なのだ。

Point

質問に忠実に，"自分がいかにその会社の求める人材に当てはまるか"を
丁寧に答えること。

02 効果的なエントリーシートの書き方

■情報を伝える書き方

課題をよく理解していることを相手に伝えるような気持ちで書く。

■文章力

大切なのは全体のバランスが取れているか。書く前に，何をどれくらいの字
数で収めるか計算しておく。

「起承転結」でいえば，「起」は，文章を起こす導入部分。「承」は，起を受け
て，その提起した問題に対して承認を求める部分。「転」は，自説を展開する
部分。もっともオリジナリティが要求される。「結」は，最後の締めの結論部分。
文章の構成・まとめる力で，総合的な能力が高いことをアピールする。

エントリーシートでよく取り上げられる題材と, その出題意図

エントリーシートで求められるものは, 「自己PR」「志望動機」「将来どうなりたいか (目指すこと)」の3つに大別される。

1.「自己PR」

自己分析にしたがって作成していく。重要なのは, 「なぜそうしようと思ったか?」「○○をした結果, 何が変わったのか? 何を得たのか?」という"連続性"が分かるかどうかがポイント。

2.「志望動機」

自己PRと一貫性を保ち, 業界志望理由と企業志望理由を差別化して表現するように心がける。志望する業界の強みと弱み, 志望企業の強みと弱みの把握は基本。

3.「将来の展望」

どんな社員を目指すのか, 仕事へはどう臨もうと思っているか, 目標は何か, などが問われる。仕事内容を事前に把握しておくだけでなく, 5年後の自分, 10年後の自分など, 具体的な将来像を描いておくことが大切。

表現力, 理解力のチェックポイント

❏ 文法, 語法が正しいかどうか
❏ 論旨が論理的で一貫しているかどうか
❏ 1センテンスが簡潔かどうか
❏ 表現が統一されているかどうか (「です, ます」調か「だ, である」調か)

01 個人面接

●自由面接法

　面接官と受験者のキャラクターやその場の雰囲気，質問と応答の進行具合などによって雑談形式で自由に進められる。

●標準面接法

　自由面接法とは逆に，質問内容や評価の基準などがあらかじめ決まっている。実際には自由面接法と併用で，おおまかな質問事項や判定基準，評価ポイントを決めておき，質疑応答の内容上の制限を緩和しておくスタイルが一般的。1次面接などでは標準面接法をとり，2次以降で自由面接法をとる企業も多い。

●非指示面接法

　受験者に自由に発言してもらい，面接官は話題を引き出したりするときなど，最小限の質問をするという方法。

●圧迫面接法

　わざと受験者の精神状態を緊張させ，受験者がどのような応答をするかを観察し，判定する。受験者は，冷静に対応することが肝心。

02 集団面接

　面接の方法は個人面接と大差ないが，面接官がひとつの質問をして，受験者が順にそれに答えるという方法と，面接官が司会役になって，座談会のような形式で進める方法とがある。

　座談会のようなスタイルでの面接は，なるべく受験者全員が関心をもっているような話題を取りあげ，意見を述べさせるという方法。この際，司会役以外の面接官は一言も発言せず，判定・評価に専念する。

03 グループディスカッション

　グループディスカッション（以下，GD）の時間は30〜60分程度，1グループの人数は5〜10人程度で，司会は面接官が行う場合や，時間を決めて学生が交替で行うことが多い。面接官は内容については特に指示することはなく，受験者がどのようにGDを進めるかを観察する。

　評価のポイントは，全体的には理解力，表現力，指導性，積極性，協調性など，個別的には性格，知識，適性などが観察される。

　GDの特色は，集団の中での個人ということで，受験者の能力がどの程度のものであるか，また，どのようなことに向いているかを判定できること。受験者は，グループの中における自分の位置を面接官に印象づけることが大切だ。

グループディスカッション方式の面接におけるチェックポイント

- ❑全体の中で適切な論点を提供できているかどうか。
- ❑問題解決に役立つ知識を持っているか，また提供できているかどうか。
- ❑もつれた議論を解きほぐし，的はずれの議論を元に引き戻す努力をしているかどうか。
- ❑グループ全体としての目標をいつも考えているかどうか。
- ❑感情的な対立や攻撃をしかけているようなことはないか。
- ❑他人の意見に耳を傾け，よい意見には賛意を表し，それを全体に推し広げようという寛大さがあるかどうか。
- ❑議論の流れを自然にリードするような主導性を持っているかどうか。
- ❑提出した意見が議論の進行に大きな影響を与えているかどうか。

04 面接時の注意点

●控え室

　控え室には，指定された時間の15分前には入室しよう。そこで担当の係から，面接に際しての注意点や手順の説明が行われるので，疑問点は積極的に聞くようにし，心おきなく面接にのぞめるようにしておこう。会社によっては，所定のカードに必要事項を書き込ませたり，お互いに自己紹介をさせたりする場合もある。また，この控え室での行動も細かくチェックして，合否の資料にしている会社もある。

●入室・面接開始

　係員がドアの開閉をしてくれる場合もあるが，それ以外は軽くノックして入室し，必ずドアを閉める。そして入口近くで軽く一礼し，面接官か補助員の「どうぞ」という指示で正面の席に進み，ここで再び一礼をする。そして，学校名と氏名を名のって静かに着席する。着席時は，軽く椅子にかけるようにする。

●面接終了と退室

　面接の終了が告げられたら，椅子から立ち上がって一礼し，椅子をもとに戻して，面接官または係員の指示を受けて退室する。

　その際も，ドアの前で面接官のほうを向いて頭を下げ，静かにドアを開閉する。控え室に戻ったら，係員の指示を受けて退社する。

05 面接試験の評定基準

●協調性

　企業という「集団」では，他人との協調性が特に重視される。

　感情や態度が円満で調和がとれていること，極端に好悪の情が激しくなく，物事の見方や考え方が穏健で中立であることなど，職場での人間関係を円滑に進めていくことのできる人物かどうかが評価される。

●話し方

　外観印象的には，言語の明瞭さや応答の態度そのものがチェックされる。小さな声で自信のない発言，乱暴野卑な発言は減点になる。

　考えをまとめたら，言葉を選んで話すくらいの余裕をもって，真剣に応答しようとする姿勢が重視される。軽率な応答をしたり，まして発言に矛盾を指摘されるような事態は極力避け，もしそのような状況になりそうなときは，自分の非を認めてはっきりと謝るような態度を示すべき。

●好感度

　実社会においては，外観による第一印象が，人間関係や取引に大きく影響を及ぼす。

　「フレッシュな爽やかさ」に加え，入社志望など，自分の意思や希望をより明確にすることで，強い信念に裏づけられた姿勢をアピールできるよう努力したい。

●判断力

何を質問されているのか，何を答えようとしているのか，常に冷静に判断していく必要がある。

●表現力

話に筋道が通り理路整然としているか，言いたいことが簡潔に言えるか，話し方に抑揚があり聞く者に感銘を与えるか，用語が適切でボキャブラリーが豊富かどうか。

●積極性

活動意欲があり，研究心旺盛であること，進んで物事に取り組み，創造的に解決しようとする意欲が感じられること，話し方にファイトや情熱が感じられること，など。

●計画性

見通しをもって順序よく合理的に仕事をする性格かどうか，またその能力の有無。企業の将来性のなかに，自分の将来をどうかみ合わせていこうとしているか，現在の自分を出発点として，何を考え，どんな仕事をしたいのか。

●安定性

情緒の安定は，社会生活に欠くことのできない要素。自分自身をよく知っているか，他の人に流されない信念をもっているか。

●誠実性

自分に対して忠実であろうとしているか，物事に対してどれだけ誠実な考え方をしているか。

●社会性

企業は集団活動なので，自分の考えに固執したり，不平不満が多い性格は向かない。柔軟で適応性があるかどうか。

Point

清潔感や明朗さ，若々しさといった外観面も重視される。

---

06 面接試験の質問内容

1. 志望動機

受験先の概要や事業内容はしっかりと頭の中に入れておく。また，その企業の企業活動の社会的意義と，自分自身の志望動機との関連を明確にしておく。「安定している」「知名度がある」「将来性がある」といった利己的な動機，「自

分の性格に合っている」というような，あいまいな動機では説得力がない。安定性や将来性は，具体的にどのような企業努力によって支えられているのかという考察も必要だし，それに対する受験者自身の評価や共感なども問われる。

　①どうしてその業種なのか

　②どうしてその企業なのか

　③どうしてその職種なのか

　以上の①～③と，自分の性格や資質，専門などとの関連性を説明できるようにしておく。

　自分がどうしてその会社を選んだのか，どこに大きな魅力を感じたのかを，できるだけ具体的に，情熱をもって語ることが重要。自分の長所と仕事の適性を結びつけてアピールし，仕事のやりがいや仕事に対する興味を述べるのもよい。

■複数の企業を受験していることは言ってもいい？

　同じ職種，同じ業種で何社かかけもちしている場合，正直に答えてもかまわない。しかし，「第一志望はどこですか」というような質問に対して，正直に答えるべきかどうかというと，やはりこれは疑問がある。どんな会社でも，他社を第一志望にあげられれば，やはり愉快には思わない。

　また，職種や業種の異なる会社をいくつか受験する場合も同様で，極端に性格の違う会社をあげれば，その矛盾を突かれるのは必至だ。

2. 仕事に対する意識・職業観

　採用試験の段階では，次年度の配属予定が具体的に固まっていない会社もかなりある。具体的に職種や部署などを細分化して募集している場合は別だが，そうでない場合は，希望職種をあまり狭く限定しないほうが賢明。どの業界においても，採用後，新入社員には，研修としてその会社の各セクションをひと通り経験させる企業は珍しくない。そのうえで，具体的な配属計画を検討するのだ。

　大切なことは，就職や職業というものを，自分自身の生き方の中にどう位置づけるか，また，自分の生活の中で仕事とはどういう役割を果たすのかを考えてみること。つまり自分の能力を活かしたい，社会に貢献したい，自分の存在価値を社会的に実現してみたい，ある分野で何か自分の力を試してみたい……，などの場合を考え，それを自分自身の人生観，志望職種や業種などとの関係を考えて組み立ててみる。自分の人生観をもとに，それを自分の言葉で表現できるようにすることが大切。

3. 自己紹介・自己PR

性格そのものを簡単に変えたり，欠点を克服したりすることは実際には難しいが，"仕方がない"という姿勢を見せることは禁物で，どんなささいなことでも，努力している面をアピールする。また一般的にいって，専門職を除けば，就職時になんらかの資格や技能を要求する企業は少ない。

　ただ，資格をもっていれば採用に有利とは限らないが，専門性を要する業種では考慮の対象とされるものもある。たとえば英検，簿記など。

　企業が学生に要求しているのは，4年間の勉学を重ねた学生が，どのように仕事に有用であるかということで，学生の知識や学問そのものを聞くのが目的ではない。あくまで，社会人予備軍としての謙虚さと素直さを失わないようにする。

　知識や学力よりも，その人の人間性，ビジネスマンとしての可能性を重視するからこそ，面接担当者は，学生生活全般について尋ねることで，書類だけでは分からない人間性を探ろうとする。

　何かうち込んだものや思い出に残る経験などは，その人の人間的な成長になんらかの作用を及ぼしているものだ。どんな経験であっても，そこから受けた印象や教訓などは，明確に答えられるようにしておきたい。

4. 一般常識・時事問題

　一般常識・時事問題については筆記試験の分野に属するが，面接でこうしたテーマがもち出されることも珍しくない。受験者がどれだけ社会問題に関心をもっているか，一般常識をもっているか，また物事の見方・考え方に偏りがないかなどを判定する。知識や教養だけではなく，一問一答の応答を通じて，その人の性格や適応能力まで判断されることになる。

07 面接に向けての事前準備

■面接試験1カ月前までには万全の準備をととのえる

●志望会社・職種の研究

　新聞の経済欄や経済雑誌などのほか，会社年鑑，株式情報など書物による研究をしたり，インターネットにあがっている企業情報や，検索によりさまざまな角度から調べる。すでにその会社へ就職している先輩や知人に会って知識を得たり，大学のキャリアセンターへ情報を求めるなどして総合的に判断する。

■専攻科目の知識・卒論のテーマなどの整理

大学時代にどれだけ勉強してきたか，専攻科目や卒論のテーマなどを整理しておく。

■時事問題に対する準備

　毎日欠かさず新聞を読む。志望する企業の話題は，就職ノートに整理するなどもアリ。

面接当日の必需品

❑必要書類（履歴書，卒業見込証明書，成績証明書，健康診断書，推薦状）

❑学生証

❑就職ノート（志望企業ファイル）

❑印鑑，朱肉

❑筆記用具（万年筆，ボールペン，サインペン，シャープペンなど）

❑手帳，ノート

❑地図（訪問先までの交通機関などをチェックしておく）

❑現金（小銭も用意しておく）

❑腕時計（オーソドックスなデザインのもの）

❑ハンカチ，ティッシュペーパー

❑くし，鏡（女性は化粧品セット）

❑シューズクリーナー

❑ストッキング

❑折りたたみ傘（天気予報をチェックしておく）

❑携帯電話，充電器

■一般常識試験

> 社会人として企業活動を行ううえで最低限必要となる一般常識のほか，
> 英語，国語，社会（時事問題），数学などの知識の程度を確認するもの。

　難易度はおおむね中学・高校の教科書レベル。一般常識の問題集を1冊やっておけばよいが，業界によっては専門分野が出題されることもあるため，必ず志望する企業のこれまでの試験内容は調べておく。

■一般常識試験の対策

・**英語**　慣れておくためにも，教科書を復習する，英字新聞を読むなど。

・**国語**　漢字，四字熟語，反対語，同音異義語，ことわざをチェック。

・**時事問題**　新聞や雑誌，テレビ，ネットニュースなどアンテナを張っておく。

■適性検査

　SPI（Synthetic Personality Inventory）試験（SPI3試験）とも呼ばれ，能力テストと性格テストを合わせたもの。

　能力テストでは国語能力を測る「言語問題」と，数学能力を測る「非言語問題」がある。言語的能力，知覚能力，数的能力のほか，思考・推理能力，記憶力，注意力などの問題で構成されている。

　性格テストは「はい」か「いいえ」で答えていく。仕事上の適性と性格の傾向などが一致しているかどうかをみる。

> SPIは職務への適応性を客観的にみるためのもの。

01 「論文」と「作文」

　一般に「論文」はあるテーマについて自分の意見を述べ，その論証をする文章で，必ず意見の主張とその論証という2つの部分で構成される。問題提起と論旨の展開，そして結論を書く。

　「作文」は，一般的には感想文に近いテーマ，たとえば「私の興味」「将来の夢」といったものがある。

　就職試験では「論文」と「作文」を合わせた"論作文"とでもいうようなものが出題されることが多い。

　論作文試験とは，「文章による面接」。テーマに書き手がどういう態度を持っているかを知ることが，出題の主な目的だ。受験者の知識・教養・人生観・社会観・職業観，そして将来への希望などが，どのような思考を経て，どう表現されているかによって，企業にとって，必要な人物かどうかを判断している。

　論作文の場合には，書き手の社会的意識や考え方に加え，「感銘を与える」働きが要求される。就職活動とは，企業に対し「自分をアピールすること」だということを常に念頭に置いておきたい。

Point

論文と作文の違い

	論　文	作　文
テーマ	学術的・社会的・国際的なテーマ。時事，経済問題など	個人的・主観的なテーマ。人生観，職業観など
表現	自分の意見や主張を明確に述べる。	自分の感想を述べる。
展開	四段型（起承転結）の展開が多い。	三段型（はじめに・本文・結び）の展開が多い。
文体	「だ調・である調」のスタイルが多い。	「です調・ます調」のスタイルが多い。

・テーマ

与えられた課題（テーマ）を，受験者はどのように理解しているか。

出題されたテーマの意義をよく考え，それに対する自分の意見や感情が，十分に整理されているかどうか。

・表現力

課題について本人が感じたり，考えたりしたことを，文章で的確に表しているか。

・字・用語・その他

かなづかいや送りがなが合っているか，文中で引用されている格言やことわざの類が使用法を間違えていないか，さらに誤字・脱字に至るまで，文章の基本的な力が受験者の人柄ともからんで厳密に判定される。

・オリジナリティ

魅力がある文章とは，オリジナリティを率直に出すこと。自分の感情や意見を，自分の言葉で表現する。

・生活態度

文章は，書き手の人格や人柄を映し出す。平素の社会的関心や他人との協調性，趣味や読書傾向はどうであるかといった，受験者の日常における生き方，生活態度がみられる。

・字の上手・下手

できるだけ読みやすい字を書く努力をする。また，制限字数より文章が長くなって原稿用紙の上下や左右の空欄に書き足したりすることは避ける。消しゴムで消す場合にも，丁寧に。

いずれの場合でも，表面的な文章力を問うているのではなく，受験者の人柄のほうを重視している。

実践編 マナーチェックリスト

就活において企業の人事担当は，面接試験やOG／OB訪問，そして面接試験において，あなたのマナーや言葉遣いといった，「常識力」をチェックしている。現在の自分はどのくらい「常識力」が身についているかをチェックリストで振りかえり，何ができて，何ができていないかを明確にしたうえで，今後の取り組みに生かしていこう。

評価基準　5：大変良い　4：やや良い　3：どちらともいえない　2：やや悪い　1：悪い

	項　目	評　価	メ　モ
挨拶	明るい笑顔と声で挨拶をしているか		
	相手を見て挨拶をしているか		
	相手より先に挨拶をしているか		
	お辞儀を伴った挨拶をしているか		
	直接の応対者でなくても挨拶をしているか		
表情	笑顔で応対しているか		
	表情に私的感情がでていないか		
	話しかけやすい表情をしているか		
	相手の話は真剣な顔で聞いているか		
身だしなみ	前髪は目にかかっていないか		
	髪型は乱れていないか／長い髪はまとめているか		
	髭の剃り残しはないか／化粧は健康的か		
	服は汚れていないか／清潔に手入れされているか		
	機能的で職業・立場に相応しい服装をしているか		
	華美なアクセサリーはつけていないか		
	爪は伸びていないか		
	靴下の色は適当か／ストッキングの色は自然な肌色か		
	靴の手入れは行き届いているか		
	ポケットに物を詰めすぎていないか		

	項　目	評　価	メ　モ
言葉遣い	専門用語を使わず，相手にわかる言葉で話しているか		
	状況や相手に相応しい敬語を正しく使っているか		
	相手の聞き取りやすい音量・速度で話しているか		
	語尾まで丁寧に話しているか		
	気になる言葉癖はないか		
動作	物の授受は両手で丁寧に実施しているか		
	案内・指し示し動作は適切か		
	キビキビとした動作を心がけているか		
心構え	勤務時間・指定時間の5分前には準備が完了しているか		
	心身ともに健康管理をしているか		
	仕事とプライベートの切替えができているか		

☑ 常に自己点検をするクセをつけよう

「人を表情やしぐさ，身だしなみなどの見かけで判断してはいけない」と一般にいわれている。確かに，人の個性は見かけだけではなく，内面においても見いだされるもの。しかし，私たちは人を第一印象である程度決めてしまう傾向がある。それが面接試験など初対面の場合であればなおさらだ。したがって，チェックリストにあるような挨拶，表情，身だしなみ等に注意して面接試験に臨むことはとても重要だ。ただ，これらは面接試験前にちょっと対策したからといって身につくようなものではない。付け焼き刃的な対策をして面接試験に臨んでも，面接官はあっという間に見抜いてしまう。日頃からチェックリストにあるような項目を意識しながら行動することが大事であり，そうすることで，最初はぎこちない挨拶や表情等も，その人の個性に応じたすばらしい所作へ変わっていくことができるのだ。さっそく，本日から実行してみよう。

面接試験において，印象を決定づける表情はとても大事。
どのようにすれば感じのいい表情ができるのか，ポイントを確認していこう。

明るく,温和で 柔らかな表情をつくろう

人間関係の潤滑油

表情に関しては，まずは豊かである
ということがベースになってくる。う
れしい表情，困った表情，驚いた表
情など，さまざまな気持ちを表現で
きるということが，人間関係を潤いの
あるものにしていく。

Point

　表情はコミュニケーションの大前提。相手に「いつでも話しかけてくださ
いね」という無言の言葉を発しているのが，就活に求められる表情だ。面接
官が安心してコミュニケーションをとろうと思ってくれる表情。それが，明
るく，温和で柔らかな表情となる。

いますぐデキる
カンタンTraining

Training 01

喜怒哀楽を表してみよう

- ・人との出会いを楽しいと思うことが表情の基本
- ・表情を豊かにする大前提は相手の気持ちに寄り添うこと
- ・目元・口元だけでなく，眉の動きを意識することが大事

Training 02

表情筋のストレッチをしよう

- ・表情筋は「ウイスキー」の発音によって鍛える
- ・意識して毎日，取り組んでみよう
- ・笑顔の共有によって相手との距離が縮まっていく

コミュニケーションは挨拶から始まり，その挨拶ひとつで印象は変わるもの。
ポイントを確認していこう。

丁寧にしっかりと
はっきり挨拶をしよう

人間関係の第一歩

挨拶は心を開いて，相手に近づくコ
ミュニケーションの第一歩。たかが
挨拶，されど挨拶の重要性をわきま
えて，きちんとした挨拶をしよう。形，
つまり"技"も大事だが，心をこめ
ることが最も重要だ。

Point

　　挨拶はコミュニケーションの第一歩。相手が挨拶するのを待っているの
は望ましくない。挨拶の際のポイントは丁寧であることと，はっきり声に出
すことの2つ。丁寧な挨拶は，相手を大事にして迎えている気持ちの表れ
となる。はっきり声に出すことで，これもきちんと相手を迎えていることが
伝わる。また，相手もその応答として挨拶してくれることで，会ってすぐに
双方向のコミュニケーションが成立する。

いますぐデキる
カンタンTraining

Training 01

3つのお辞儀をマスターしよう

① 会釈（15度） ② 敬礼（30度） ③ 最敬礼（45度）

・息を吸うことを意識してお辞儀をするとキレイな姿勢に
・目線は真下ではなく，床前方1.5m先ぐらいを見よう
・相手への敬意を忘れずに

Training 02

対面時は言葉が先，お辞儀が後

・相手に体を向けて先に自ら挨拶をする
・挨拶時，相手とアイコンタクトを
　しっかり取ろう
・挨拶の後に，お辞儀をする。
　これを「語先後礼」という

コミュニケーションは「話す」よりも「聞く」ことといわれる。相手が話しやすい聞き方の，ポイントを確認しよう。

受容の立場で
傾聴しよう

相手の話を受けとめる

話を聞くときは，やや前に傾く姿勢をとる。表情と姿勢が合わさることにより，話し手の心が開き「あれも，これも話そう」という気持ちになっていく。また，「はい」と一度のお辞儀で頷くと相手の話を受け止めているというメッセージにつながる。

Point

　話をすること，話を聞いてもらうことは誰にとってもプレッシャーを伴うもの。そのため，「何でも話して良いんですよ」「何でも話を聞きますよ」「心配しなくて良いんですよ」という気持ちで聞くことが大切になる。その気持ちが聞く姿勢に表れれば，相手は安心して話してくれる。

カンタンTraining

Training 01

頷きは一度で

- 相手が話した後に「はい」と
  一言発する
- 頷きすぎは逆効果

Training 02

目線は自然に

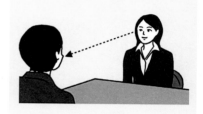

- 鼻の付け根あたりを見ると
  自然な印象に
- 目を見つめすぎるのはNG

Training 03

話の句読点で視線を移す

- 視線は話している人を見ることが基本
- 複数の人の話を聞くときは句読点を意識し，
  視線を振り分けることで聞く姿勢を表す

伝わる話し方

自分の意思を相手に明確に伝えるためには，話し方が重要となる。はっきりと的確に話すためのポイントを確認しよう。

明るい発声を
心がけよう

ボリュームを意識して

話すときのポイントとしては，ボリュームを意識することが挙げられる。会議室の一番奥にいる人に声が届くように意識することで，声のボリュームはコントロールされていく。

Point

コミュニケーションとは「伝達」すること。どのようなことも，適当に伝えるのではなく，伝えるべきことがきちんと相手に届くことが大切になる。そのためには，はっきりと，分かりやすく，丁寧に，心を込めて話すこと。言葉だけでなく，表情やジェスチャーを加えることも有効。

いますぐデキる
カンタンTraining

Training 01
腹式呼吸で発声練習

- 「あえいうえおあお」と発声する
- 腹式呼吸は，胸部をなるべく動かさ
  ずに，息を吸うときにお腹や腰が膨
  らむよう意識する呼吸法

Training 02
早口言葉にチャレンジ

おあやや
母親に
お謝り

- 「おあやや，母親に，お謝り」と早口で
- 口がすぼまった「お」と口が開いた
  「あ」の発音に，変化をつけられる
  かがポイント

Training 03
ジェスチャーを有効活用

- 腰より上でジェスチャーをする
- 体から離した位置に手をもっていく
- ジェスチャーをしたら戻すところを
  さだめておく

身だしなみはその人自身を表すもの。身だしなみの基本について，ポイントを確認しよう。

清潔感,さわやかさを醸し出せるようにしよう

プロの企業人にふさわしい身だしなみを

信頼感，安心感をもたれる身だしなみを考えよう。TPOに合わせた服装は，すなわち"礼"を表している。そして，身だしなみには，「清潔感」,「品のよさ」,「控え目である」という，3つのポイントがある。

Point

相手との心理的な距離や物理的な距離が遠ければ，コミュニケーションは成立しにくくなる。見た目が不潔では誰も近付いてこない。身だしなみが清潔であること，爽やかであることは相手との距離を縮めることにも繋がる。

いますぐデキる
カンタンTraining

Training 01

髪型，服装を整えよう

3分の1は額が見えるように

- 男性も女性も眉が見える髪型が望ましい。3分の1は額が見えるように。額は知性と清潔感を伝える場所。男性の髪の長さは耳や襟にかからないように
- スーツで相手の前に立つときは，ボタンはすべて留める。男性の場合は下のボタンは外す

Training 02

おしゃれとの違いを明確に

- 爪はできるだけ切りそろえる
- 爪の中の汚れにも注意
- ジェルネイル，ネイルアートはNG

Training 03

足元にも気を配って

- 女性の場合はパンプス，男性の場合は黒の紐靴が望ましい
- 靴はこまめに汚れを落とし見栄えよく

姿勢にはその人の意欲が反映される。前向き，活動的な姿勢を表すにはどうしたらよいか，ポイントを確認しよう。

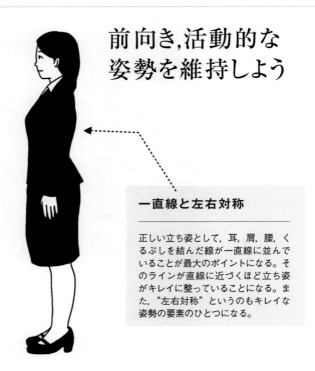

前向き,活動的な 姿勢を維持しよう

一直線と左右対称

正しい立ち姿として，耳，肩，腰，くるぶしを結んだ線が一直線に並んでいることが最大のポイントになる。そのラインが直線に近づくほど立ち姿がキレイに整っていることになる。また，"左右対称"というのもキレイな姿勢の要素のひとつになる。

Point

　姿勢は，身体と心の状態を反映するもの。そのため，良い姿勢でいることは，印象が清々しいだけでなく，健康で元気そうに見え，話しかけやすさにも繋がる。歩く姿勢，立つ姿勢，座る姿勢など，どの場面にも心身の健康状態が表れるもの。日頃から心身の健康状態に気を配り，フィジカルとメンタル両面の自己管理を心がけよう。

いますぐデキる
カンタンTraining

Training **01**

キレイな歩き方を心がけよう

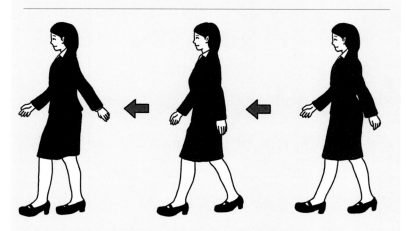

- 女性は1本の線上を，男性はそれよりも太い線上を沿うように歩く
- 一歩踏み出したときに前の足に体重を乗せるように，腰から動く
- 12時の方向につま先をもっていく

Training **02**

前向きな気持ちを持とう

- 常に前向きな気持ちが姿勢を正す
- ポジティブ思考を心がけよう

言葉遣いの正しさはとは，場面にあった言葉を遣うということ。相手を気づかいながら，言葉を選ぶことで，より正しい言葉に近づいていく。

相手と場面に合わせた
ふさわしい言葉遣いを

次の文は接客の場面でよくある間違えやすい敬語です。
それぞれの言い方は○×どちらでしょうか。

問1「資料をご拝読いただきありがとうございます」

問2「こちらのパンフレットはもういただかれましたか？」

問3「恐れ入りますが，こちらの用紙にご記入してください」

問4「申し訳ございませんが，来週，休ませていただきます」

問5「先ほどの件，帰りましたら上司にご報告いたしますので」

Point

　ビジネスのシーンに敬語は欠くことができない。何度もやり取りをしていく中で，親しさの度合いによっては，あえてくだけた表現を用いることもあるが，「親しき仲にも礼儀あり」と言われるように，敬意や心づかいをおろそかにしてはいけないもの。相手に誤解されたり，相手の気分を壊すことのないように，相手や場面にふさわしい言葉遣いが大切になる。

　解答と解説

問1 （×）　○正しい言い換え例
→「ご覧いただきありがとうございます」など

　「拝読」は自分が「読む」意味の謙譲語なので，相手の行為に使うのは誤り。読むと見るは同義なため，多く，見るの尊敬語「ご覧になる」が用いられる。

問2 （×）　○正しい言い換え例
→「お持ちですか」「お渡ししましたでしょうか」　など

　「いただく」は，食べる・飲む・もらうの謙譲語。「もらったかどうか」と聞きたいのだから，「おもらいになりましたか」と言えないこともないが，持っているかどうか，受け取ったかどうかという意味で「お持ちですか」などが使われることが多い。また，自分側が渡すような場合は，「お渡しする」を使って「お渡ししましたでしょうか」などの言い方に換えることもできる。

問3 （×）　○正しい言い換え例
→「恐れ入りますが，こちらの用紙にご記入ください」など

　「ご記入する」の「お（ご）～する」は謙譲語の形。相手の行為を謙譲語で表すことになるため誤り。「して」を取り除いて「ご記入ください」か，和語に言い換えて「お書きください」とする。ほかにも「お書き／ご記入・いただけますでしょうか・願います」などの表現もある。

問4 （△）
　有給休暇を取る場合や，弔事等で休むような場面で，用いられることも多い。「休ませていただく」ということで一見丁寧に響くが，「来週休むと自分で休みを決めている」という勝手な表現にも受け取られかねない言葉だ。ここは同じ「させていただく」を用いても，相手の都合をうかがう言い方に換えて「○○がございまして，申し訳ございませんが，休みをいただいてもよろしいでしょうか」などの言い換えが好ましい。

問5 （×）○正しい言い換え例
→「上司に報告いたします」

　「ご報告いたします」は，ソトの人との会話で使うとするならば誤り。「ご報告いたします」の「お・ご～いたす」は，「お・ご～する」と「～いたす」という2つの敬語を含む言葉。そのうちの「お・ご～する」は，主語である自分を低めて相手＝上司を高める働きをもつ表現（謙譲語Ⅰ）。一方「～いたす」は，主語の私を低めて，話の聞き手に対して丁重に述べる働きをもつ表現（謙譲語Ⅱ　丁重語）。「お・ご～する」も「～いたす」も同じ謙譲語であるため紛らわしいが，主語を低める（謙譲）という働きは同じでも，行為の相手を高める働きがあるかないかという点に違いがあるといえる。

敬語は正しく使用することで，相手の印象を大きく変えることができる。尊敬語，謙譲語の区別をはっきりつけて，誤った用法で話すことのないように気をつけよう。

言葉の使い方が
マナーを表す!

■よく使われる尊敬語の形　「言う・話す・説明する」の例

専用の尊敬語型	おっしゃる
～れる・～られる型	言われる・話される・説明される
お（ご）～になる型	お話しになる・ご説明になる
お（ご）～なさる型	お話しなさる・ご説明なさる

■よく使われる謙譲語の形　「言う・話す・説明する」の例

専用の謙譲語型	申す・申し上げる
お（ご）～する型	お話しする・ご説明する
お（ご）～いたす型	お話しいたします・ご説明いたします

Point

　同じ尊敬語・謙譲語でも，よく使われる代表的な形がある。ここではその一例をあげてみた。敬語の使い方に迷ったときなどは，まずはこの形を思い出すことで，大抵の語はこの型にはめ込むことができる。同じ言葉を用いたほうがよりわかりやすいといえるので，同義に使われる「言う・話す・説明する」を例に考えてみよう。

　ほかにも「お話しくださる」や「お話しいただく」「お元気でいらっしゃる」などの形もあるが，まずは表の中の形を見直そう。

■よく使う動詞の尊敬語・謙譲語
　なお，尊敬語の中の「言われる」などの「れる・られる」を付けた形は省力している。

基本	尊敬語（相手側）	謙譲語（自分側）
会う	お会いになる	お目にかかる・お会いする
言う	おっしゃる	申し上げる・申す
行く・来る	いらっしゃる おいでになる お見えになる お越しになる お出かけになる	伺う・参る お伺いする・参上する
いる	いらっしゃる・おいでになる	おる
思う	お思いになる	存じる
借りる	お借りになる	拝借する・お借りする
聞く	お聞きになる	拝聴する 拝聞する お伺いする・伺う お聞きする
知る	ご存じ（知っているという意で）	存じ上げる・存じる
する	なさる	いたす
食べる・飲む	召し上がる・お召し上がりになる お飲みになる	いただく・頂戴する
見る	ご覧になる	拝見する
読む	お読みになる	拝読する

「お伺いする」「お召し上がりになる」などは，「伺う」「召し上がる」自体が敬語なので
「二重敬語」ですが，慣習として定着しており間違いではないもの。

Point
　上記の「敬語表」は，よく使うと思われる動詞をそれぞれ尊敬語・謙譲語
で表したもの。このように大体の言葉は型にあてはめることができる。言
葉の中には「お（ご）」が付かないものもあるが，その場合でも「〜なさる」
を使って，「スピーチなさる」や「運営なさる」などと言うことができる。ま
た，表では，「言う」の尊敬語「言われる」の例は省いているが，れる・ら
れる型の「言われる」よりも「おっしゃる」「お話しになる」「お話しなさる」
などの言い方のほうが，より敬意も高く，言葉としても何となく響きが落ち
着くといった印象を受けるものとなる。

会話は相手があってのこと。いかなる場合でも，相手に対する心くばりを忘れないことが，会話をスムーズに進めるためのコツになる。

心くばりを添えるひと言で
言葉の印象が変わる!

　相手に何かを頼んだり，また相手の依頼を断ったり，相手の抗議に対して反論したりする場面では，いきなり自分の意見や用件を切り出すのではなく，場面に合わせて心くばりを伝えるひと言を添えてから本題に移ると，響きがやわらかくなり，こちらの意向も伝えやすくなる。俗にこれは「クッション言葉」と呼ばれている。（右表参照）

Point

　ビジネスの場面で，相手と話したり手紙やメールを送る際には，何か依頼事があってという場合が多いもの。その場合に「ちょっとお願いなんですが…」では，ふだんの会話と変わりがないものになってしまう。そこを「突然のお願いで恐れ入りますが」「急にご無理を申しまして」「こちらの勝手で恐縮に存じますが」「折り入ってお願いしたいことがございまして」などの一言を添えることで，直接的なきつい感じが和らぐだけでなく，「申し訳ないのだけれど，もしもそうしていただくことができればありがたい」という，相手への配慮や願いの気持ちがより強まる。このような前置きの言葉もうまく用いて，言葉に心くばりを添えよう。

相手の意向を尋ねる場合	「よろしければ」「お差し支えなければ」 「ご都合がよろしければ」「もしお時間がありましたら」 「もしお嫌いでなければ」「ご興味がおありでしたら」
相手に面倒を かけてしまうような場合	「お手数をおかけしますが」 「ご面倒をおかけしますが」 「お手を煩わせまして恐縮ですが」 「お忙しい時に申し訳ございませんが」 「お時間を割いていただき申し訳ありませんが」 「貴重なお時間を頂戴し恐縮ですが」
自分の都合を 述べるような場合	「こちらの勝手で恐縮ですが」 「こちらの都合（ばかり）で申し訳ないのですが」 「私どもの都合ばかりを申しまして，まことに申し訳なく存じますが」 「ご無理を申し上げまして恐縮ですが」
急な話をもちかけた場合	「突然のお願いで恐れ入りますが」 「急にご無理を申しまして」 「もっと早くにご相談申し上げるべきところでございましたが」 「差し迫ってのことでまことに申し訳ございませんが」
何度もお願いする場合	「たびたびお手数をおかけしまして恐縮に存じますが」 「重ね重ね恐縮に存じますが」 「何度もお手を煩わせまして申し訳ございませんが」 「ご面倒をおかけしてばかりで，まことに申し訳ございませんが」
難しいお願いをする場合	「ご無理を承知でお願いしたいのですが」 「たいへん申し上げにくいのですが」 「折り入ってお願いしたいことがございまして」
あまり親しくない相手に お願いする場合	「ぶしつけなお願いで恐縮ですが」 「ぶしつけながら」 「まことに厚かましいお願いでございますが」
相手の提案・誘いを断る場合	「申し訳ございませんが」 「（まことに）残念ながら」 「せっかくのご依頼ではございますが」 「たいへん恐縮ですが」 「身に余るお言葉ですが」 「まことに失礼とは存じますが」 「たいへん心苦しいのですが」 「お引き受けしたいのはやまやまですが」
問い合わせの場合	「つかぬことをうかがいますが」 「突然のお尋ねで恐縮ですが」

ここでは文章の書き方における，一般的な敬称について言及している。はがき，手紙，メール等，通信手段はさまざま。それぞれの特性をふまえて有効活用しよう。

相手の気持ちになって
見やすく美しく書こう

■敬称のいろいろ

敬称	使う場面	例
様	職名・役職のない個人	（例）飯田知子様／ご担当者様／経理部長　佐藤一夫様
殿	職名・組織名・役職のある個人（公用文など）	（例）人事部長殿／教育委員会殿／田中四郎殿
先生	職名・役職のない個人	（例）松井裕子先生
御中	企業・団体・官公庁などの組織	（例）○○株式会社御中
各位	複数あてに同一文書を出すとき	（例）お客様各位／会員各位

Point

　封筒・はがきの表書き・裏書きは縦書きが基本だが，洋封筒で親しい人にあてる場合は，横書きでも問題ない。いずれにせよ，定まった位置に，丁寧な文字でバランス良く，正確に記すことが大切。特に相手の住所や名前を乱雑な文字で書くのは，配達の際の間違いを引き起こすだけでなく，受け取る側に不快な思いをさせる。相手の気持ちになって，見やすく美しく書くよう心がけよう。

■各通信手段の長所と短所

	長所	短所	用途
封書	・封を開けなければ本人以外の目に触れることがない。 ・丁寧な印象を受ける。	・多量の資料・画像送付には不向き。 ・相手に届くまで時間がかかる。	・儀礼的な文書(礼状・わび状など) ・目上の人あての文書 ・重要な書類 ・他人に内容を読まれたくない文書
はがき・カード	・封書よりも気軽にやり取りできる。 ・年賀状や季節の便り、旅先からの連絡など絵はがきとしても楽しむことができる。	・封に入っていないため、第三者の目に触れることがある。 ・中身が見えるので、改まった礼状やわび状、こみ入った内容には不向き。 ・相手に届くまで時間がかかる。	・通知状　　・案内状 ・送り状　　・旅先からの便り ・各種お祝い　・お礼 ・季節の挨拶
FAX	・手書きの図やイラストを文章といっしょに送れる。 ・すぐに届く。 ・控えが手元に残る。	・多量の資料の送付には不向き。 ・事務的な用途で使われることが多く、改まった内容の文書、初対面の人へは不向き。	・地図、イラストの入った文書 ・印刷物(本・雑誌など)
電話	・急ぎの連絡に便利。 ・相手の反応をすぐに確認できる。 ・直接声が聞けるので、安心感がある。	・連絡できる時間帯が制限される。 ・長々としたこみ入った内容は伝えづらい。	・緊急の用件 ・確実に用件を伝えたいとき
メール	・瞬時に届く。　・控えが残る。 ・コストが安い。 ・大容量の資料や画像をデータで送ることができる。 ・一度に大勢の人に送ることができる。 ・相手の居場所や状況を気にせず送れる。	・事務的な印象を与えるので、改まった礼状やわび状には不向き。 ・パソコンや携帯電話を持っていない人には送れない。 ・ウィルスなどへの対応が必要。	・データで送りたいとき ・ビジネス上の連絡

Point

　はがきは手軽で便利だが、おわびやお願い、格式を重んじる手紙には不向きとなる。この種の手紙は内容もこみ入ったものとなり、加えて丁寧な文章で書かなければならないので、数行で済むことはまず考えられない。また、封筒に入っていないため、他人の目に触れるという難点もある。このように、はがきにも長所と短所があるため、使う場面や相手によって、他の通信手段と使い分けることが必要となる。

　はがき以外にも、封書・電話・FAX・メールなど、現代ではさまざまな通信手段がある。上に示したように、それぞれ長所と短所があるので、特徴を知って用途によって上手に使い分けよう。

社会人のマナーとして，電話応対のスキルは必要不可欠。まずは失礼なく電話に出ることからはじめよう。積極性が重要だ。

相手の顔が見えない分
対応には細心の注意を

■電話をかける場合

①　○○先生に電話をする

×「私，□□社の××と言いますが，○○様はおられますでしょうか？」

○「××と申しますが，○○様はいらっしゃいますか？」

「おられますか」は「おる」を謙譲語として使うため，通常は相手がいるかどうかに関しては，「いらっしゃる」を使うのが一般的。

②　相手の状況を確かめる

×「こんにちは，××です，先日のですね…」

○「××です，先日は有り難うございました，今お時間よろしいでしょうか？」

相手が忙しくないかどうか，状況を聞いてから話を始めるのがマナー。また，やむを得ず夜間や早朝，休日などに電話をかける際は，「夜分（朝早く）に申し訳ございません」「お休みのところ恐れ入ります」などのお詫びの言葉もひと言添えて話す。

③　相手が不在，何時ごろ戻るかを聞く場合

×「戻りは何時ごろですか？」

○「何時ごろお戻りになりますでしょうか？」

「戻り」はそのままの言い方，相手にはきちんと尊敬語を使う。

④　また自分からかけることを伝える

×「そうですか，ではまたかけますので」

○「それではまた後ほど（改めて）お電話させていただきます」

戻る時間がわかる場合は，「またお戻りになりましたころにでも」「また午後にでも」などの表現もできる。

■電話を受ける場合

① 電話を取ったら

×「はい，もしもし，○○（社名）ですが」

○「はい，○○（社名）でございます」

② 相手の名前を聞いて

×「どうも，どうも」

○「いつもお世話になっております」

あいさつ言葉として定着している決まり文句ではあるが，日頃のお付き合いがあってこそ。あいさつ言葉もきちんと述べよう。「お世話様」という言葉も時折耳にするが，敬意が軽い言い方となる。適切な言葉を使い分けよう。

③ 相手が名乗らない

×「どなたですか？」「どちらさまですか？」

○「失礼ですが，お名前をうかがってもよろしいでしょうか？」

名乗るのが基本だが，尋ねる態度も失礼にならないように適切な応対を心がけよう。

④ 電話番号や住所を教えてほしいと言われた場合

×「はい，いいでしょうか？」　　×「メモのご用意は？」

○「はい，申し上げます，よろしいでしょうか？」

「メモのご用意は？」は，一見親切なようにも聞こえるが，尋ねる相手も用意していることがほとんど。押し付けがましくならない程度に。

⑤ 上司への取次を頼まれた場合

×「はい，今代わります」　　×「○○部長ですね，お待ちください」

○「部長の○○でございますね，ただいま代わりますので，少々お待ちくださいませ」

○○部長という表現は，相手側の言い方となる。自分側を述べる場合は，「部長の○○」「○○」が適切。

┌─ Point ─

自分から電話をかける場合は，まずは自分の会社名や氏名を名乗るのがマナー。たとえ目的の相手が直接出た場合でも，電話では相手の様子が見えないことがほとんど。自分の勝手な判断で話し始めるのではなく，相手の都合を伺い，そのうえで話を始めるのが社会人として必要な気配りとなる。

デキるオトナをアピール

時候の挨拶

月	漢語調の表現 候、みぎりなどを付けて用いられます	口語調の表現
1月 (睦月)	初春・新春　頌春・ 小寒・大寒・厳寒	皆様におかれましては、よき初春をお迎えのことと存じます／厳しい寒さが続いております／珍しく暖かな寒の入りとなりました／大寒という言葉通りの厳しい寒さでございます
2月 (如月)	春寒・余寒・残寒・ 立春・梅花・向春	立春とは名ばかりの寒さ厳しい毎日でございます／梅の花もちらほらとふくらみ始め、春の訪れを感じる今日この頃です／春の訪れが待ち遠しいのごろでございます
3月 (弥生)	早春・浅春・春寒・ 春分・春暖	寒さもようやくゆるみ、日ましに春めいてまいりました／ひと雨ごとに春めいてまいりました／日増しに暖かさが加わってまいりました
4月 (卯月)	春暖・陽春・桜花・ 桜花爛漫	桜花爛漫の季節を迎えました／春光うららかな好季節となりました／花冷えとでも申しましょうか、何だか肌寒い日が続いております
5月 (皐月)	新緑・薫風・惜春・ 晩春・立夏・若葉	風薫るさわやかな季節を迎えました／木々の緑が目にまぶしいようでございます／目に青葉、山ほととぎす、初鰹の句も思い出される季節となりました
6月 (水無月)	梅雨・向暑・初夏・ 薄暑・麦秋	初夏の風もさわやかな毎日でございます／梅雨前線が近づいてまいりました／梅雨の晴れ間にのぞく青空は、まさに夏を思わせるようです
7月 (文月)	盛夏・大暑・炎暑・ 酷暑・猛暑	梅雨が明けたとたん、うだるような暑さが続いております／長い梅雨も明け、いよいよ本格的な夏がやってまいりました／風鈴の音がわずかに涼を運んでくれているようです
8月 (葉月)	残暑・晩夏・処暑・ 秋暑	立秋とはほんとうに名ばかりの厳しい暑さの毎日です／残暑たえがたい毎日でございます／朝夕はいくらかしのぎやすくなってまいりました
9月 (長月)	初秋・新秋・爽秋・ 新涼・清涼	九月に入りましてもなお、日差しの強い毎日です／暑さもやっとおとろえはじめたようでございます／残暑も去り、ずいぶんとしのぎやすくなってまいりました
10月 (神無月)	清秋・錦秋・秋涼・ 秋冷・寒露	秋風もさわやかな過ごしやすい季節となりました／街路樹の葉も日ごとに色を増しております／紅葉の便りの聞かれるころとなりました／秋深く、日増しに冷気も加わってまいりました
11月 (霜月)	晩秋・暮秋・霜降・ 初霜・向寒	立冬を迎え、まさに冬到来を感じる寒さです／木枯らしの季節になりました／日ごとに冷気が増すようでございます／朝夕はひときわ冷え込むようになりました
12月 (師走)	寒冷・初冬・師走・ 歳晩	師走を迎え、何かと慌ただしい日々をお過ごしのことと存じます／年の瀬も押しつまり、何かとお忙しくお過ごしのことと存じます／今年も残すところわずかとなりました、お忙しい毎日とお察しいたします

シチュエーション別会話例

シチュエーション1　取引先との会話

「非常に素晴らしいお話で感心しました」→NG！

「感心する」は相手の立派な行為や，優れた技量などに心を動かされるという意味。意味としては間違いではないが，目上の人に用いると，偉そうに聞こえかねない表現。「感動しました」などに言い換えるほうが好ましい。

シチュエーション2　子どもとの会話

「お母さんは，明日はいますか？」→NG！

たとえ子どもとの会話でも，子どもの年齢によっては，ある程度の敬語を使うほうが好ましい。「明日はいらっしゃいますか」では，むずかしすぎると感じるならば，「お出かけですか」などと表現することもできる。

シチュエーション3　同僚との会話

「今，お暇ですか」→NG？

同じ立場同士なので，暇に「お」が付いた形で「お暇」ぐらいでも構わないともいえるが，「暇」というのは，するべきことも何もない時間という意味。そのため「お暇ですか」では，あまりにも直接的になってしまう。その意味では「手が空いている」→「空いていらっしゃる」→「お手透き」などに言い換えることで，やわらかく敬意も含んだ表現になる。

シチュエーション4　上司との会話

「なるほどですね」→NG！

「なるほど」とは，相手の言葉を受けて，自分も同意見であることを表すため，相手の言葉・意見を自分が評価するというニュアンスも含まれている。そのため自分が評価して述べているという偉そうな表現にもなりかねない。同じ同意ならば，頷き「おっしゃる通りです」などの言葉のほうが誤解なく伝わる。

就活スケジュールシート

■年間スケジュールシート

1月	2月	3月	4月	5月	6月
企業関連スケジュール					
自己の行動計画					

就職活動をすすめるうえで，当然重要になってくるのは，自己のスケジュール管理だ。企業の選考スケジュールを把握することも大切だが，自分のペースで進めることになる自己分析や業界・企業研究，面接試験のトレーニング等の計画を立てることも忘れてはいけない。スケジュールシートに「記入」する作業を通して，短期・長期の両方の面から就職試験を考えるきっかけにしよう。

7月	8月	9月	10月	11月	12月
企業関連スケジュール					
自己の行動計画					

● 情報提供のお願い ●

　就職活動研究会では，就職活動に関する情報を募集しています。

　エントリーシートやグループディスカッション，面接，筆記試験の内容等について情報をお寄せください。ご応募はメールアドレス（edit@kyodo-s.jp）へお願いいたします。お送りくださいました方々には薄謝をさしあげます。

　ご協力よろしくお願いいたします。

会社別就活ハンドブックシリーズ

日本製鉄の
就活ハンドブック

編　者	就職活動研究会
発　行	令和 6 年 2 月 25 日
発行者	小貫輝雄
発行所	協同出版株式会社

〒 101 − 0054
東京都千代田区神田錦町 2 − 5
　電話　03 − 3295 − 1341
　振替　東京00190 − 4 − 94061

印刷所　協同出版・POD 工場

落丁・乱丁はお取り替えいたします

●2025年度版●
会社別就活ハンドブックシリーズ
【全111点】

運 輸

東日本旅客鉄道の就活ハンドブック	小田急電鉄の就活ハンドブック
東海旅客鉄道の就活ハンドブック	阪急阪神 HD の就活ハンドブック
西日本旅客鉄道の就活ハンドブック	商船三井の就活ハンドブック
東京地下鉄の就活ハンドブック	日本郵船の就活ハンドブック

機 械

三菱重工業の就活ハンドブック	浜松ホトニクスの就活ハンドブック
川崎重工業の就活ハンドブック	村田製作所の就活ハンドブック
IHI の就活ハンドブック	クボタの就活ハンドブック
島津製作所の就活ハンドブック	

金 融

三菱 UFJ 銀行の就活ハンドブック	野村證券の就活ハンドブック
三菱 UFJ 信託銀行の就活ハンドブック	りそなグループの就活ハンドブック
みずほ FG の就活ハンドブック	ふくおか FG の就活ハンドブック
三井住友銀行の就活ハンドブック	日本政策投資銀行の就活ハンドブック
三井住友信託銀行の就活ハンドブック	

建設・不動産

三菱地所の就活ハンドブック	鹿島建設の就活ハンドブック
三井不動産の就活ハンドブック	大成建設の就活ハンドブック
積水ハウスの就活ハンドブック	清水建設の就活ハンドブック
大和ハウス工業の就活ハンドブック	

資源・素材

旭旭化成グループの就活ハンドブック	関西電力の就活ハンドブック
東レの就活ハンドブック	日本製鉄の就活ハンドブック
ワコールの就活ハンドブック	中部電力の就活ハンドブック

九州電力の就活ハンドブック

自動車

トヨタ自動車の就活ハンドブック

本田技研工業の就活ハンドブック

デンソーの就活ハンドブック

日産自動車の就活ハンドブック

商　社

三菱商事の就活ハンドブック

住友商事の就活ハンドブック

丸紅の就活ハンドブック

三井物産の就活ハンドブック

伊藤忠商事の就活ハンドブック

双日の就活ハンドブック

豊田通商の就活ハンドブック

情報通信・IT

NTT データの就活ハンドブック

NTT ドコモの就活ハンドブック

野村総合研究所の就活ハンドブック

日本電信電話の就活ハンドブック

KDDI の就活ハンドブック

ソフトバンクの就活ハンドブック

楽天の就活ハンドブック

mixi の就活ハンドブック

グリーの就活ハンドブック

サイバーエージェントの就活ハンドブック

LINE ヤフーの就活ハンドブック

SCSK の就活ハンドブック

富士ソフトの就活ハンドブック

日本オラクルの就活ハンドブック

GMO インターネットグループ

オービックの就活ハンドブック

DTS の就活ハンドブック

TIS の就活ハンドブック

食品・飲料

サントリー HD の就活ハンドブック

味の素の就活ハンドブック

キリン HD の就活ハンドブック

アサヒグループ HD の就活ハンドブック

日本たばこ産業 の就活ハンドブック

日清食品グループの就活ハンドブック

山崎製パンの就活ハンドブック

キユーピーの就活ハンドブック

生活用品

資生堂の就活ハンドブック

花王の就活ハンドブック

武田薬品工業の就活ハンドブック

電気機器

三菱電機の就活ハンドブック	パナソニックの就活ハンドブック
ダイキン工業の就活ハンドブック	富士通の就活ハンドブック
ソニーの就活ハンドブック	キヤノンの就活ハンドブック
日立製作所の就活ハンドブック	京セラの就活ハンドブック
ＮＥＣの就活ハンドブック	オムロンの就活ハンドブック
富士フイルム HD の就活ハンドブック	キーエンスの就活ハンドブック

保　　険

東京海上日動火災保険の就活ハンドブック	三井住友海上火災保険の就活ハンドブック
第一生命ホールディングスの就活ハンドブック	損保ジャパンの就活ハンドブック

メディア

日本印刷の就活ハンドブック	エイベックスの就活ハンドブック
博報堂 DY の就活ハンドブック	東宝の就活ハンドブック
TOPPAN ホールディングスの就活ハンドブック	

流通・小売

ニトリ HD の就活ハンドブック	ZOZO の就活ハンドブック
イオンの就活ハンドブック	

エンタメ・レジャー

オリエンタルランドの就活ハンドブック	任天堂の就活ハンドブック
アシックスの就活ハンドブック	カプコンの就活ハンドブック
バンダイナムコ HD の就活ハンドブック	セガサミー HD の就活ハンドブック
コナミグループの就活ハンドブック	タカラトミーの就活ハンドブック
スクウェア・エニックス HD の就活ハンドブック	

▼会社別就活ハンドブックシリーズにつきましては，協同出版
のホームページからもご注文ができます。詳細は下記のサイ
トでご確認下さい。

https://kyodo-s.jp/examination_company